中华优秀传统文化在现代管理中的创造性转化与创新性发展工程
"中华优秀传统文化与现代管理融合"丛书

当代晋商传统文化基因
案例研究

谢振芳 李树人 王博 ◎主编
郭长风 ◎主审

企业管理出版社
ENTERPRISE MANAGEMENT PUBLISHING HOUSE

图书在版编目（CIP）数据

当代晋商传统文化基因案例研究 / 谢振芳，李树人，王博主编. -- 北京：企业管理出版社，2025.1.
（"中华优秀传统文化与现代管理融合"丛书）. -- ISBN 978-7-5164-3231-0

Ⅰ.F729

中国国家版本馆CIP数据核字第2025R5T654号

书　　名	当代晋商传统文化基因案例研究
书　　号	ISBN 978-7-5164-3231-0
作　　者	谢振芳　李树人　王　博
责任编辑	侯春霞
特约设计	李晶晶
出版发行	企业管理出版社
经　　销	新华书店
地　　址	北京市海淀区紫竹院南路17号　邮　编：100048
网　　址	http://www.emph.cn　　电子信箱：pingyaohouchunxia@163.com
电　　话	编辑部18501123296　发行部（010）68417763　68414644
印　　刷	北京联兴盛业印刷股份有限公司
版　　次	2025年1月第1版
印　　次	2025年1月第1次印刷
开　　本	710mm×1000mm　1/16
印　　张	16.75
字　　数	200千字
定　　价	98.00元

版权所有　翻印必究·印装有误　负责调换

编 委 会

主　任： 朱宏任　中国企业联合会、中国企业家协会党委书记、常务副会长兼秘书长

副主任： 刘　鹏　中国企业联合会、中国企业家协会党委委员、副秘书长
　　　　　孙庆生　《企业家》杂志主编

委　员： （按姓氏笔画排序）

丁荣贵　山东大学管理学院院长，国际项目管理协会副主席

马文军　山东女子学院工商管理学院教授

马德卫　山东国程置业有限公司董事长

王　伟　华北电力大学马克思主义学院院长、教授

王　庆　天津商业大学管理学院院长、教授

王文彬　中共团风县委平安办副主任

王心娟　山东理工大学管理学院教授

王仕斌　企业管理出版社副社长

王西胜　广东省蓝态幸福文化公益基金会学术委员会委员，菏泽市第十五届政协委员

王茂兴　寿光市政协原主席、关工委主任

王学秀　南开大学商学院现代管理研究所副所长

王建军　中国企业联合会企业文化工作部主任

王建斌　西安建正置业有限公司总经理

王俊清　大连理工大学财务部长

王新刚　中南财经政法大学工商管理学院教授

毛先华　江西大有科技有限公司创始人

方　军　安徽财经大学文学院院长、教授

邓汉成　万载诚济医院董事长兼院长

冯彦明	中央民族大学经济学院教授
巩见刚	大连理工大学公共管理学院副教授
毕建欣	宁波财经学院金融与信息学院金融工程系主任
吕　力	扬州大学商学院教授，扬州大学新工商文明与中国传统文化研究中心主任
刘文锦	宁夏民生房地产开发有限公司董事长
刘鹏凯	江苏黑松林粘合剂厂有限公司董事长
齐善鸿	南开大学商学院教授
江端预	株洲千金药业股份有限公司原党委书记、董事长
严家明	中国商业文化研究会范蠡文化研究分会执行会长兼秘书长
苏　勇	复旦大学管理学院教授，复旦大学东方管理研究院创始院长
李小虎	佛山市法萨建材有限公司董事长
李文明	江西财经大学工商管理学院教授
李景春	山西天元集团创始人
李曦辉	中央民族大学管理学院教授
吴通福	江西财经大学中国管理思想研究院教授
吴照云	江西财经大学原副校长、教授
吴满辉	广东鑫风风机有限公司董事长
余来明	武汉大学中国传统文化研究中心副主任
辛　杰	山东大学管理学院教授
张　华	广东省蓝态幸福文化公益基金会理事长
张卫东	太原学院管理系主任、教授
张正明	广州市伟正金属构件有限公司董事长
张守刚	江西财经大学工商管理学院市场营销系副主任
陈　中	扬州大学商学院副教授
陈　静	企业管理出版社社长兼总编辑
陈晓霞	孟子研究院党委书记、院长、研究员
范立方	广东省蓝态幸福文化公益基金会秘书长

范希春	中国商业文化研究会中华优秀传统文化传承发展分会专家委员会专家
林　嵩	中央财经大学商学院院长、教授
罗　敏	英德华粤艺术学校校长
周卫中	中央财经大学中国企业研究中心主任、商学院教授
周文生	范蠡文化研究（中国）联会秘书长，苏州干部学院特聘教授
郑俊飞	广州穗华口腔医院总裁
郑济洲	福建省委党校科学社会主义与政治学教研部副主任
赵德存	山东鲁泰建材科技集团有限公司党委书记、董事长
胡国栋	东北财经大学工商管理学院教授，中国管理思想研究院院长
胡海波	江西财经大学工商管理学院院长、教授
战　伟	广州叁谷文化传媒有限公司 CEO
钟　尉	江西财经大学工商管理学院讲师、系支部书记
宫玉振	北京大学国家发展研究院发树讲席教授、BiMBA 商学院副院长兼 EMBA 学术主任
姚咏梅	《企业家》杂志社企业文化研究中心主任
莫林虎	中央财经大学文化与传媒学院学术委员会副主任、教授
贾旭东	兰州大学管理学院教授，"中国管理 50 人"成员
贾利军	华东师范大学经济与管理学院教授
晁　罡	华南理工大学工商管理学院教授、CSR 研究中心主任
倪　春	江苏先锋党建研究院院长
徐立国	西安交通大学管理学院副教授
殷　雄	中国广核集团专职董事
凌　琳	广州德生智能信息技术有限公司总经理
郭　毅	华东理工大学商学院教授
郭国庆	中国人民大学商学院教授，中国人民大学中国市场营销研究中心主任

唐少清	北京联合大学管理学院教授，中国商业文化研究会企业创新文化分会会长
唐旭诚	嘉兴市新儒商企业创新与发展研究院理事长、执行院长
黄金枝	哈尔滨工程大学经济管理学院副教授
黄海啸	山东大学经济学院副教授，山东大学教育强国研究中心主任
曹振杰	温州商学院副教授
雪　漠	甘肃省作家协会副主席
阎继红	山西省老字号协会会长，太原六味斋实业有限公司董事长
梁　刚	北京邮电大学数字媒体与设计艺术学院副教授
程少川	西安交通大学管理学院副教授
谢佩洪	上海对外经贸大学学位评定委员会副主席，南泰品牌发展研究院首任执行院长、教授
谢泽辉	广东铁杆中医健康管理有限公司总裁
谢振芳	太原城市职业技术学院教授
蔡长运	福建林业技术学院教师，高级工程师
黎红雷	中山大学教授，全国新儒商团体联席会议秘书长
颜世富	上海交通大学东方管理研究中心主任

总编辑： 陈　静
副总编： 王仕斌
编　辑：（按姓氏笔画排序）

于湘怡　尤　颖　田　天　耳海燕　刘玉双　李雪松　杨慧芳
宋可力　张　丽　张　羿　张宝珠　陈　戈　赵喜勤　侯春霞
徐金凤　黄　爽　蒋舒娟　韩天放　解智龙

序 一

以中华优秀传统文化为源　启中国式现代管理新篇

　　中华优秀传统文化形成于中华民族漫长的历史发展过程中，不断被创造和丰富，不断推陈出新、与时俱进，成为滋养中国式现代化的不竭营养。它包含的丰富哲学思想、价值观念、艺术情趣和科学智慧，是中华民族的宝贵精神矿藏。党的十八大以来，以习近平同志为核心的党中央高度重视中华优秀传统文化的创造性转化和创新性发展。习近平总书记指出"中华优秀传统文化是中华民族的精神命脉，是涵养社会主义核心价值观的重要源泉，也是我们在世界文化激荡中站稳脚跟的坚实根基"。

　　管理既是人类的一项基本实践活动，也是一个理论研究领域。随着社会的发展，管理在各个领域变得越来越重要。从个体管理到组织管理，从经济管理到政务管理，从作坊管理到企业管理，管理不断被赋予新的意义和充实新的内容。而在历史进程中，一个国家的文化将不可避免地对管理产生巨大的影响，可以说，每一个重要时期的管理方式无不带有深深的文化印记。随着中国步入新时代，在管理领域实施中华优秀传统文化的创造性转化和创新性发展，已经成为一项应用面广、需求量大、题材丰富、潜力巨大的工作，在一些重要领域可能产生重大的理论突破和丰硕的实践成果。

第一，中华优秀传统文化中蕴含着丰富的管理思想。中华优秀传统文化源远流长、博大精深，在管理方面有着极为丰富的内涵等待提炼和转化。比如，儒家倡导"仁政"思想，强调执政者要以仁爱之心实施管理，尤其要注重道德感化与人文关怀。借助这种理念改善企业管理，将会推进构建和谐的组织人际关系，提升员工的忠诚度，增强其归属感。又如，道家的"无为而治"理念延伸到今天的企业管理之中，就是倡导顺应客观规律，避免过度干预，使组织在一种相对宽松自由的环境中实现自我调节与发展，管理者与员工可各安其位、各司其职，充分发挥个体的创造力。再如，法家的"法治"观念启示企业管理要建立健全规章制度，以严谨的体制机制确保组织运行的有序性与规范性，做到赏罚分明，激励员工积极进取。可以明确，中华优秀传统文化为现代管理提供了多元的探索视角与深厚的理论基石。

第二，现代管理越来越重视文化的功能和作用。现代管理是在人类社会工业化进程中产生并发展的科学工具，对人类经济社会发展起到了至关重要的推进作用。自近代西方工业革命前后，现代管理理念与方法不断创造革新，在推动企业从传统的小作坊模式向大规模、高效率的现代化企业，进而向数字化企业转型的过程中，文化的作用被空前强调，由此衍生的企业使命、愿景、价值观成为企业发展最为强劲的内生动力。以文化引导的科学管理，要求不仅要有合理的组织架构设计、生产流程优化等手段，而且要有周密的人力资源规划、奖惩激励机制等方法，这都极大地增强了员工在企业中的归属感并促进员工发挥能动作用，在创造更多的经济价值的同时体现重要的社会价值。以人为本的现代管理之所以在推动产业升级、促进经济增长、提升国际竞争力等方面须臾不可缺少，是因为其体现出企业的使命不仅是获取利润，更要注重社会责任与可持续发展，在环境保护、社会公平等方面发挥积极影响力，推动人类社会向着更加文明、和谐、包容、可持续的方向迈进。今天，管理又面临数字技术的挑战，更加需要更多元的思想基础和文化资源的支持。

第三，中华优秀传统文化与现代管理结合研究具有极强的必要性。随着全球经济一体化进程的加速，文化多元化背景下的管理面临着前所未有的挑战与机遇。一方面，现代管理理论多源于西方，在应用于本土企业与组织时，往往会出现"水土不服"的现象，难以充分契合中国员工与生俱来的文化背景与社会心理。中华优秀传统文化所蕴含的价值观、思维方式与行为准则能够为现代管理面对中国员工时提供本土化的解决方案，使其更具适应性与生命力。另一方面，中华优秀传统文化因其指导性、亲和性、教化性而能够在现代企业中找到新的传承与发展路径，其与现代管理的结合能够为经济与社会注入新的活力，从而实现优秀传统文化在企业管理实践中的创造性转化和创新性发展。这种结合不仅有助于提升中国企业与组织的管理水平，增强文化自信，还能够为世界管理理论贡献独特的中国智慧与中国方案，促进不同文化的交流互鉴与共同发展。

近年来，中国企业在钢铁、建材、石化、高铁、电子、航空航天、新能源汽车等领域通过锻长板、补短板、强弱项，大步迈向全球产业链和价值链的中高端，成果显著。中国企业取得的每一个成就、每一项进步，离不开中国特色现代管理思想、理论、知识、方法的应用与创新。中国特色的现代管理既有"洋为中用"的丰富内容，也与中华优秀传文化的"古为今用"密不可分。

"中华优秀传统文化与现代管理融合"丛书（以下简称"丛书"）正是在这一时代背景下应运而生的，旨在为中华优秀传统文化与现代管理的深度融合探寻路径、总结经验、提供借鉴，为推动中国特色现代管理事业贡献智慧与力量。

"丛书"汇聚了中国传统文化学者和实践专家双方的力量，尝试从现代管理领域常见、常用的知识、概念角度细分开来，在每个现代管理细分领域，回望追溯中华优秀传统文化中的对应领域，重在通过有强大生命力的思想和智慧精华，以"古今融会贯通"的方式，进行深入研究、探索，以期推出对我国现代管理有更强滋养力和更高使用价值的系列成果。

文化学者的治学之道，往往是深入研究经典文献，挖掘其中蕴含的智慧，并对其进行系统性的整理与理论升华。据此形成的中华优秀传统文化为现代管理提供了深厚的文化底蕴与理论支撑。研究者从浩瀚典籍中梳理出优秀传统文化在不同历史时期的管理实践案例，分析其成功经验与失败教训，为现代管理提供了宝贵的历史借鉴。

实践专家则将传统文化理念应用于实际管理工作中，通过在企业或组织内部开展文化建设、管理模式创新等实践活动，检验传统文化在现代管理中的可行性与有效性，并根据实践反馈不断调整与完善应用方法。他们从企业或组织运营的微观层面出发，为传统文化与现代管理的结合提供了丰富的实践经验与现实案例，使传统文化在现代管理中的应用更具操作性与针对性。

"丛书"涵盖了从传统文化与现代管理理论研究到不同行业、不同

序 一

领域应用实践案例分析等多方面内容，形成了一套较为完整的知识体系。"丛书"不仅是研究成果的结晶，更可看作传播中华优秀传统文化与现代管理理念的重要尝试。还可以将"丛书"看作一座丰富的知识宝库，它全方位、多层次地为广大读者提供了中华优秀传统文化在现代管理中应用与发展的工具包。

可以毫不夸张地说，每一本图书都凝聚着作者的智慧与心血，或是对某一传统管理思想在现代管理语境下的创新性解读，或是对某一行业或领域运用优秀传统文化提升管理效能的深度探索，或是对传统文化与现代管理融合实践中成功案例与经验教训的详细总结。"丛书"通过文字的力量，将传统文化的魅力与现代管理的智慧传递给广大读者。

在未来的发展征程中，我们将持续深入推进中华优秀传统文化在现代管理中的创造性转化和创新性发展工作。我们坚信，在全社会的共同努力下，中华优秀传统文化必将在现代管理的广阔舞台上绽放出更加绚丽多彩的光芒。在中华优秀传统文化与现代管理融合发展的道路上砥砺前行，为实现中华民族伟大复兴的中国梦做出更大的贡献！

是为序。

朱宏任

中国企业联合会、中国企业家协会

党委书记、常务副会长兼秘书长

序 二

/

文化传承　任重道远

财政部国资预算项目"中华优秀传统文化在现代管理中的创造性转化与创新性发展工程"系列成果——"中华优秀传统文化与现代管理融合"丛书和读者见面了。

一

这是一组可贵的成果，也是一组不够完美的成果。

说她可贵，因为这是大力弘扬中华优秀传统文化（以下简称优秀文化）、提升文化自信、"振民育德"的工作成果。

说她可贵，因为这套丛书汇集了国内该领域一批优秀专家学者的优秀研究成果和一批真心践行优秀文化的企业和社会机构的卓有成效的经验。

说她可贵，因为这套成果是近年来传统文化与现代管理有效融合的规模最大的成果之一。

说她可贵，还因为这个项目得到了财政部、国务院国资委、中国企业联合会等部门的宝贵指导和支持，得到了许多专家学者、企业家等朋友的无私帮助。

说她不够完美，因为学习践行传承发展优秀文化永无止境、永远在进步完善的路上，正如王阳明所讲"善无尽""未有止"。

说她不够完美，因为优秀文化在现代管理的创造性转化与创新性发展中，还需要更多的研究专家、社会力量投入其中。

说她不够完美，还因为在践行优秀文化过程中，很多单位尚处于摸索阶段，且需要更多真心践行优秀文化的个人和组织。

当然，项目结项时间紧、任务重，也是一个逆向推动的因素。

二

2022年，在征求多位管理专家和管理者意见的基础上，我们根据有关文件精神和要求，成立专门领导小组，认真准备，申报国资预算项目"中华优秀传统文化在现代管理中的创造性转化与创新性发展工程"。经过严格的评审筛选，我们荣幸地获准承担该项目的总运作任务。之后，我们就紧锣密鼓地开始了调研工作，走访研究机构和专家，考察践行优秀文化的企业和社会机构，寻找适合承担子项目的专家学者和实践单位。

最初我们的计划是，该项目分成"管理自己""管理他人""管理事务""实践案例"几部分，共由60多个子项目组成；且主要由专家学者的研究成果专著组成，再加上几个实践案例。但是，在调研的初期，我们发现一些新情况，于是基于客观现实，适时做出了调整。

第一，我们知道做好该项目的工作难度，因为我们预想，在优秀文化和现代管理两个领域都有较深造诣并能融会贯通的专家学者不够多。在调研过程中，我们很快发现，实际上这样的专家学者比我们预想的更少。与此同时，我们在广东等地考察调研过程中，发现有一批真心践行优秀文化的企业和社会机构。经过慎重研究，我们决定适当提高践行案例比重，研究专著占比适当降低，但绝对数不一定减少，必要时可加大自有资金投入，支持更多优秀项目。

第二，对于子项目的具体设置，我们不执着于最初的设想，固定甚至限制在一些话题里，而是根据实际"供给方"和"需求方"情况，实事求是地做必要的调整，旨在吸引更多优秀专家、践行者参与项目，支持更多优秀文化与现代管理融合的优秀成果研发和实践案例创作的出版宣传，以利于文化传承发展。

第三，开始阶段，我们主要以推荐的方式选择承担子项目的专家、企业和社会机构。运作一段时间后，考虑到这个项目的重要性和影响力，我们觉得应该面向全社会吸纳优秀专家和机构参与这个项目。在请示有关方面同意后，我们于2023年9月开始公开征集研究人员、研究成果和实践案例，并得到了广泛响应，许多人主动申请参与承担子项目。

三

这个项目从开始就注重社会效益，我们按照有关文件精神，对子项目研发创作提出了不同于一般研究课题的建议，形成了这个项目自身的特点。

（一）重视情怀与担当

我们很重视参与项目的专家和机构在弘扬优秀文化方面的情怀和担当，比如，要求子项目承担人"发心要正，导人向善""充分体现优秀文化'优秀'二字内涵，对传统文化去粗取精、去伪存真"等。这一点与通常的课题项目有明显不同。

（二）子项目内容覆盖面广

一是众多专家学者从不同角度将优秀文化与现代管理有机融合。二是在确保质量的前提下，充分考虑到子项目的代表性和示范效果，聚合了企业、学校、社区、医院、培训机构及有地方政府背景的机构；其他还有民间传统智慧等内容。

（三）研究范式和叙述方式的创新

我们提倡"选择现代管理的一个领域，把与此密切相关的优秀文化高度融合、打成一片，再以现代人喜闻乐见的形式，与选择的现代管理领域实现融会贯通"，在传统文化方面不局限于某人、某家某派、某经典，以避免顾此失彼、支离散乱。尽管在研究范式创新方面的实际效果还不够理想，有的专家甚至不习惯突破既有的研究范式和纯学术叙述方式，但还是有很多子项目在一定程度上实现了研究范式和叙述方式的创新。另外，在创作形式上，我们尽量发挥创作者的才华智慧，不做形式上的硬性要求，不因形式伤害内容。

（四）强调本体意识

"本体观"是中华优秀传统文化的重要标志，相当于王阳明强调的"宗旨"和"头脑"。两千多年来，特别是近现代以来，很多学者在认知优秀文化方面往往失其本体，多在细枝末节上下功夫；于是，著述虽多，有的却如王阳明讲的"不明其本，而徒事其末"。这次很多子项目内容在优秀文化端本清源和体用一源方面有了宝贵的探索。

（五）实践丰富，案例创新

案例部分加强了践行优秀文化带来的生动事例和感人故事，给人以触动和启示。比如，有的地方践行优秀文化后，离婚率、刑事案件大幅度下降；有家房地产开发商，在企业最困难的时候，仍将大部分现金支付给建筑商，说"他们更难"；有的企业上新项目时，首先问的是"这个项目有没有公害？""符不符合国家发展大势？""能不能切实帮到一批人？"；有家民营职业学校，以前不少学生素质不高，后来他们以优秀文化教化学生，收到良好效果，学生素质明显提高，有的家长流着眼泪跟校长道谢："感谢学校救了我们全家！"；等等。

四

调研考察过程也是我们学习总结反省的过程。通过调研，我们学到了许多书本中学不到的东西，收获了满满的启发和感动。同时，我们发现，在学习阐释践行优秀文化上，有些基本问题还需要进一步厘清和重视。试举几点：

（一）"小学"与"大学"

这里的"小学"指的是传统意义上的文字学、音韵学、训诂学等，而"大学"是指"大学之道在明明德"的大学。现在，不少学者特别是文史哲背景的学者，在"小学"范畴苦苦用功，做出了很多学术成果，还需要在"大学"修身悟本上下功夫。陆九渊说："读书固不可不晓文义，然只以晓文义为是，只是儿童之学，须看意旨所在。"又说"血脉不明，沉溺章句何益？"

（二）王道与霸道

霸道更契合现代竞争理念，所以更为今人所看重。商学领域的很多人都偏爱霸道，认为王道是慢功夫、不现实，霸道更功利、见效快。孟子说："仲尼之徒无道桓、文之事者。"（桓、文指的是齐桓公和晋文公，春秋著名两霸）王阳明更说这是"孔门家法"。对于王道和霸道，王阳明在其"拔本塞源论"中有专门论述："三代之衰，王道熄而霸术焻……霸者之徒，窃取先王之近似者，假之于外，以内济其私己之欲，天下靡然而宗之，圣人之道遂以芜塞。相仿相效，日求所以富强之说，倾诈之谋，攻伐之计……既其久也，斗争劫夺，不胜其祸……而霸术亦有所不能行矣。"

其实，霸道思想在工业化以来的西方思想家和学者论著中体现得很多。虽然工业化确实给人类带来了福祉，但是也带来了许多不良后果。联合国《未来契约》（2024年）中指出："我们面临日益严峻、关乎存亡的灾难性风险"。

（三）小人儒与君子儒

在"小人儒与君子儒"方面，其实还是一个是否明白优秀文化的本体问题。陆九渊说："古之所谓小人儒者，亦不过依据末节细行以自律"，而君子儒简单来说是"修身上达"。现在很多真心践行优秀文化的个人和单位做得很好，但也有些人和机构，日常所做不少都还停留在小人儒层面。这些当然非常重要，因为我们在这方面严重缺课，需要好好补课，但是不能局限于或满足于小人儒，要时刻也不能忘了行"君子儒"。不可把小人儒当作优秀文化的究竟内涵，这样会误己误人。

（四）以财发身与以身发财

《大学》讲："仁者以财发身，不仁者以身发财"。以财发身的目的是修身做人，以身发财的目的是逐利。我们看到有的身家亿万的人活得很辛苦、焦虑不安，这在一定意义上讲就是以身发财。我们在调查过程中也发现有的企业家通过学习践行优秀文化，从办企业"焦虑多""压力大"到办企业"有欢喜心"。王阳明说："常快活便是功夫。""有欢喜心"的企业往往员工满足感、幸福感更强，事业也更顺利，因为他们不再贪婪自私甚至损人利己，而是充满善念和爱心，更符合天理，所谓"得道者多助"。

（五）喻义与喻利

子曰："君子喻于义，小人喻于利"。义利关系在传统文化中是一个很重要的话题，也是优秀文化与现代管理融合绕不开的话题。前面讲到的那家开发商，在企业困难的时候，仍坚持把大部分现金支付给建筑商，他们收获的是"做好事，好事来"。相反，在文化传承中，有的机构打着"文化搭台经济唱戏"的幌子，利用人们学习优秀文化的热情，搞媚俗的文化活动赚钱，歪曲了优秀文化的内涵和价值，影响很坏。我们发现，在义利观方面，一是很多情况下把义和利当作对立的两个方面；二是对义利观的认知似乎每况愈下，特别是在西方近代资本主义精神和人性恶假设背景下，对人性恶的利用和鼓励（所谓"私恶即公利"），出现了太多的重利轻义、危害社会的行为，以致产生了联合国《未来契约》中"可持续发展目标的实现岌岌可危"的情况。人类只有树立正确的义利观，才能共同构建人类命运共同体。

（六）笃行与空谈

党的十八大以来，党中央坚持把文化建设摆在治国理政突出位置，全国上下掀起了弘扬中华优秀传统文化的热潮，文化建设在正本清源、守正创新中取得了历史性成就。在大好形势下，有一些个人和机构在真心学习践行优秀文化方面存在不足，他们往往只停留在口头说教、走过场、做表面文章，缺乏真心真实笃行。他们这么做，是对群众学习传承优秀文化的误导，影响不好。

五

文化关乎国本、国运，是一个国家、一个民族发展中最基本、最深沉、最持久的力量。

中华文明源远流长，中华文化博大精深。弘扬中华优秀传统文化任重道远。

"中华优秀传统文化与现代管理融合"丛书的出版，不仅凝聚了子项目承担者的优秀研究成果和实践经验，同事们也付出了很大努力。我们在项目组织运作和编辑出版工作中，仍会存在这样那样的缺点和不足。成绩是我们进一步做好工作的动力，不足是我们今后努力的潜力。真诚期待广大专家学者、企业家、管理者、读者，对我们的工作提出批评指正，帮助我们改进、成长。

企业管理出版社国资预算项目领导小组

前　言

中华优秀传统文化，是中华文明的智慧结晶和精华所在，是中华民族的根和魂。当今山西众多优秀企业，不断从中华优秀传统文化中吸取营养，并结合时代的变迁，在融合中创造性地形成了具有山西当代特色的企业经营管理新理念、新模式和新文化。对这些优秀企业进行广泛系统的调查、整理，并深入挖掘探究其成功的传统文化基因，概括总结其有效的模式方法，凝练升华其可以复制推广的经验范式，以期使这些做法和经验被更多的企业学习和借鉴，本是我们萦怀已久的愿望，又逢"中华优秀传统文化在现代管理中的创造性转化与创新性发展工程"将"当代晋商传统文化基因案例研究"列为子项目，从而为我们开展相关研究创造了难得的机会和条件。

我们认为，中华优秀传统文化对当代晋商的重大影响和作用主要体现在以下几个方面。

（1）富含优秀商业文化的三晋传统文化沃土，承载着丰厚的管理思想和商业智慧，是当代晋商的管理文化之根。山西的传统商业文化具有强烈的民族性、历史性、社会性和地域性，包括儒贾贯通的伦理文化、别具一格的经营文化、讲效致用的管理文化，涵养了"诚实守信，开拓进取，和衷共济，务实经营，经世济民"的晋商精神。这一切，无疑都是当代晋商取之不竭、享益不尽的精神财富和思想宝库。如六味斋、凯嘉集团等企业，都在经营活动中始终如一地尊奉诚实守信、以义取利的经营理念。这既是文化传承，也是根脉延续。

（2）富于工匠精神的传统技艺和产品，蕴含着先贤精思巧构的聪明才智和励精图治的奋斗精神，是当代晋商追求卓越、不断创新的精神渊薮。历数三晋传统文化中的精湛技艺，如六味斋的"缠捆卷镇（缯）"技艺、双合成的"郭杜林"月饼制作工艺、乾和祥的茉莉花茶融萃（拼配）技艺、益源庆醋的"七必秘诀"和"日晒抽冰法"酿造工艺、复盛公的六味地黄丸"九蒸九晒"炮制古法、太原酒厂的地缸固态发酵和二次清蒸技术工艺、广誉远的道地药材与古法炮制技艺，我们发现它们就像一颗颗璀璨的明珠，至今依然熠熠生辉。这些传统技艺是企业安身立命的永恒法宝，也是当代晋商引以为荣的企业名片。

（3）汲养不穷的中华优秀传统文化，赋能当代晋商在探索中变革，在创新中发展。剖析中华优秀传统文化与现代管理融合的成功典范，如乾和祥老字号的茶香技艺与诗意文化、益源庆经营管理的"经权"观、山西智杰创新活力的"智"、凯嘉之兴的"道"、蓝泰集团让城市更洁净的"义"举、浸润着傅山文化的中华傅山园、太原酒厂变与不变的中和之道，我们发现这一个个鲜活的案例，都在讲述着"创造性转化与创新性发展"的生动故事。

本课题的调研对象，主要是山西省在中华优秀传统文化与现代管理融合方面做得比较好的优秀企业。这些企业是在山西省城市经济学会、山西省资源型经济转型促进会、山西省老字号协会等单位推荐的基础上，课题组本着案例典型、事迹切题、成效显著的原则遴选确定的。研究过程中，课题组首先是针对每一个企业，着力挖掘搜集其传统文化与

前 言

技艺的传承、转化与创新资料；其次是梳理其历史脉络、剖析其现实成因，进而展示其个性化成就；最后是在个体研究的基础上进行专题性总结与概括。课题研究成果分专题篇、企业篇和艺文篇三部分，共计17篇文章。

课题组组长：谢振芳（太原城市职业技术学院）；副组长：李树人（山西省资源型经济转型促进会）、郭长风（山西省城市经济学会）；成员：曹红梅（太原城市职业技术学院）、王博（太原城市职业技术学院）、梁文旭（太原城市职业技术学院）、王国丽（太原城市职业技术学院）、刘曦（太原城市职业技术学院）、郑卫东（太原城市职业技术学院）、王敏杰（山西省资源型经济转型促进会）、王凯霞（太原城市职业技术学院）、缪文玉（太原城市职业技术学院）、郭非（山西省城市经济学会）、尉六龙（乡宁县职业中学）、谢若琪（山西应用科技学院）、韩轶君（山西职业技术学院）。

我们深知自身水平有限，闻识浅薄，唯求抛砖引玉，以飨读者。

"当代晋商传统文化基因案例研究"课题组
2024年8月

目　录

专题篇 1

山西省老字号的中华优秀传统文化情结及传承活动巡礼　3

楔牢"天人合一"观的绿色转型　21
　　——清徐精细化工循环产业园"三杰"的生态文明之旅

中华优秀传统文化赋予当代晋商新理念　35
　　——"古为今用"的新理念案例集萃

异彩纷呈的老字号企业博物馆　43

企业篇 55

百年老字号，一品六味斋　57
　　——解码六味斋新晋商文化基因

万里茶道上的百年茶庄　80
　　——乾和祥老字号的茶香技艺与诗意文化

广誉远何以誉广远　92
　　——广誉远传统文化与现代管理融合实践

老树新枝，青春勃发　100
　　——兼议益源庆经营管理的"经权"观

数字化转型的晋商新秀　111
　　——兼议山西智杰创新活力的"智"

摭谈凯嘉之兴的"道"　124

蓝天碧水，泰然其中　139
　　——兼议蓝泰集团让城市更洁净的"义"举

浸润着傅山文化的传统建筑群　151

中华优秀传统文化滋养的清酒酿造福地　168
　　——太原酒厂变与不变的中和之道

讲好紫砂故事，传承"厚道"文化　182
　　——山西乡宁紫砂文化传承发展之探究

艺文篇　197

在企业VI中寻找中华优秀传统文化之美　199

企业诗、词、赋、记、联金句集摘　211

商号里傅山先生的题字撷英拾贝　231

后记　237

专题篇

山西省老字号的中华优秀传统文化情结及传承活动巡礼

山西自古便是重要商埠和物产集散地，史料称晋人自古善商。山西过去不仅有专事组织货源、长途运贩的"商"，也造就了居肆列货以待民来的"贾"，亦即过去遍布大街小巷的商铺。这些在历史中孕育出来的商贾，传衍至今便是为数众多的老字号企业。可以讲，老字号经受了岁月的洗礼和磨砺，凝结了先人的智慧和心血，代表的不仅仅是一种传统的技艺或产品，更是一种深厚的历史积淀和深沉的文化蕴藉，亦即：老字号承载着中华优秀传统文化，先天具有深厚的群众基础和广泛的社会品牌影响，是中华民族的宝贵财富。习近平总书记高度重视中华优秀传统文化的传承与发展，多次就文化遗产保护传承、做强做大民族品牌做出重要指示，为老字号发展指明了方向、提供了遵循，赋予了无上荣光和强大力量。

一、山西省老字号企业概况

山西省老字号，作为山西优秀传统文化的"活文物"，既具有中华老字号的特质，又附着了山西地域传统文化特色。它既是时代的记忆、地域的名片，又是山西品牌的根基、三晋文化的软实力，更是展现中华元素和文化自信的重要载体。在 2023 年商务部第三批中华老字号认定中，山西省申报 14 家并全部获批，中华老字号数量达到 37 家，在中部地区排名第 2 位，在全国排名第 11 位，包含 51 家三晋老字号的老字号企业队伍扩大到88家。2023年，山西省老字号企业营收总额为409.83亿元，利润总额为110.55亿元，同比分别增长20.46%、29.07%。老字号企业主要分布在食品加工、工美艺术、医药、餐饮服务、纺织服装及日用品、酒店住宿、零售服务等七个行业。其中：食品加工行业最多，总数达57家，占比64.77%（其中：谷物制品企业21家，占比36.84%；酒水饮料企业14家，占比24.56%；调味料企业13家，占比22.81%；肉制品企业5家，占比8.77%；其他企业4家，占比7.02%）；工美艺术行业11家，占比12.50%；医药行业8家，占比9.09%；餐饮服务行业5家，占比5.68%；纺织服装及日用品行业4家，占比4.55%；酒店住宿行业2家，占比2.27%；零售服务行业1家，占比1.14%。

2024年2月1日，商务部、文化和旅游部、市场监管总局、国家知识产权局、国家文物局5部门联合下发通知，公布第三批382个中华老字号品牌名单，山西省14个品牌入选。2024年7月11日，第三批中华老字号山西省授牌仪式在山西太原举行，汾酒集团等14家企业荣获中华老字号称号。山西省委、省政府主要领导出席仪式并授牌，表明省委、省政府对老字号的关怀与重视，也体现了老字号工作的重要价值和意义。

为全面客观地了解山西省老字号发展情况，山西省商务厅流通处对全省88家老字号企业2024年一季度经营情况展开问卷调查，结果显示，山西省老字号企业整体发展态势良好。88家老字号企业营收总额为180.82亿元，利润总额为85.82亿元。其中：营收超亿元的企业10家，占比11.36%；营收在1000万~1亿元的企业24家，占比27.27%；营收在100万~1000万元的企业36家，占比40.91%；营收不足100万元的企业18家，占比20.45%。

营收前五位分别为：汾酒集团 153.38 亿元，同比增长 20.94%；广誉远 3.43 亿元，下降 11.13%；宗酒酒业 3.14 亿元，增长 2.70%；紫林 2.59 亿元，下降 2.83%；潞酒公司 2.57 亿元，增长 5.00%。

从经济效益来看，以杏花村、广誉远、冠云、六味斋、晋泉、郭国芳等为代表的中华老字号和以紫林、顺天立、水塔、绿洲等为代表的三晋老字号，凭借其悠久的传承历史、厚重的文化底蕴、较高的品牌知名度和社会影响力，抓住各种历史机遇，不断创新进取，整体保持着良好的发展势头。

二、山西省老字号企业的中华优秀传统文化情结

老字号的优势在于"历史"和"文化"。无疑，身处山西的老字号，撇不开"山西历史"与"山西文化"的双重影响，其中最主要的是晋商文化。晋商文化具有强烈的民族性、历史性、社会性和显著的地域性，包含有儒贾贯通的伦理文化、别具一格的经营文化、讲效致用的管理文化，涵养了"诚实守信，开拓进取，和衷共济，务实经营，经世济民"的晋商精神，寓于古朴凝重的大院建筑群落、古城古镇古村落以及地方特色鲜明的民俗风情。但山西省老字号承袭的传统文化基因，并不局限于晋商遗风，脉管里还流淌着所有的中华文明的血液。我们认为，就中华优秀传统文化的创造性转化与创新性发展而言，成功的老字号企业都是相似的，都有着鲜明的古商遗风和浓厚的中华优秀传统文化情结。

（一）成功的老字号，都是诚信的典范

如果不是始终如一地诚信经营、守诺重信，老字号企业一定会在历史的长河中丢掉忠实的消费者和品牌拥趸。

中华老字号复盛公始创于清嘉庆六年（1801年），其祖训《复盛公商道》中写道："我有利，客无利，则客不存；我利大，客利小，则利

不久；客我利相当，则客久存，我可久利。"发源于山西祁县乔家大院的复盛公商号，当年除粮铺、钱庄之外，还开设着药铺与医馆，如今的复盛公药业集团就是其嗣承企业。集团铭记"虔诚虽无人见，存心自有天知"的古训，秉承"诚信、利他、共享、求真、务实、创新"的价值观，坚守"以义制利、以人为本"的企业文化，诚实待客，严谨行事。

乾和祥首任大掌柜王雨生，是非遗项目技艺——乾和祥茉莉花茶融萃（拼配）技艺的创始人。若从民国七年（1918年）天津乾和公出资乾和祥茶庄算起，乾和祥已是一百多年的老字号。在乾和祥创立之初，王雨生就确立了体现诚信的经营宗旨："货色高选，杂茶不用，不图厚利，为广招徕。"时至今日，这仍旧是乾和祥人在商业活动中始终遵奉的圭臬。

在山西省晋中市太谷县，有一个名副其实的企业，即声誉远播、闻名遐迩的山西广誉远国药有限公司（以下简称广誉远）。广誉远始创于明嘉靖二十年（1541年），是我国有文字记载的历史最久的中药企业之一，以其480多年无断代传承，享有"中华老字号医药活化石"的美誉。最能体现企业诚信精神的是企业上下谨记奉行的三条古训："济生拔萃，志在活人""修合虽无人见，存心自有天知""非义而为一介不取，合情之道九百何辞"。

说到晋式糕点，人们自然会想到一个久负盛名的老字号——双合成。双合成始建于清道光八年（1828年），距今有近200年历史。1864年，双合成移于太原。在双合成，从传统到现代，从理念到行为，从厂区到车间，从领导到基层，时时处处，人人事事，彰显着诚信精神。比如这两条古训："温良恭俭让，让中能取利；仁义礼智信，信内可求财""有福有喜有诚，仁怀礼道；无次无假无欺，信征义方"。又比如双合成食品安全二十字方针："以质量为本，做诚信企业，对百姓负责，请社会监督。"再比如双合成服务理念："用心服务，以真求存。"还比如"用人品做食品，用良心做点心"的良知文化。

（二）成功的老字号，都是坚守的典范

如果没有对古法技艺的执着坚守与传承，老字号企业一定会在岁月的更替中迷失自我、丧失核心竞争力。

太原六味斋实业有限公司（以下简称六味斋），前身为1738年创立于北京的"福记酱肘鸡鸭店"，迄今有近300年史承。六味斋酱肉系列产品，精选猪五花肉、猪前肘等新鲜原料，辅以六味斋独门配方，经数十味中药材去腥提香，百年老汤增味增香，运用传统饮食文化及传统中医文化的原理，"君臣佐使，医食同源"，凝练天然肉香与香辛料香于一体，精制而成。其中酱肘花历史最为久远，可追溯到一千多年前的唐代。多年来，对于酱肉传统制作技艺这一国家级非物质文化遗产，六味斋在采取多项措施传承保护的基础上，不断进行以标准化为准绳的创新性研发，使千年古法技艺不断焕发时代的光泽。

太原宁化府的益源庆，有3000年根脉史、600年成名史。益源庆的醋闻名于世的法宝就是其极为严苛的传统工艺。20世纪30年代，我国著名工业微生物学家方心芳经过实地考察和与酿醋大师傅的共同研究，权威性地将益源庆醋的酿造工艺总结为"七必秘诀"和"日晒抽冰法"，即"人必得其精，曲必得其时，器必得其洁，火必得其缓，水必得其甘，粱必得其实，缸必得其湿""三伏曝晒，冬日捞冰"。当代，益源庆在"七必秘诀"的基础上，又增加了"料必得其准，工必得其细，管必得其严"等工艺要求，在传承中不断改进与完善酿造流程。

乾和祥首任大掌柜王雨生，在长期卖茶实践中，根据北方地区的水质、气候条件，总结出融萃（拼配）方法，后又将南方诸多省份的成品

茉莉花茶反复对比、拼配，最后按中药配伍的方法，拼配出具有乾和祥特质的茉莉花茶，成为第一代乾和祥茉莉花茶融萃（拼配）技艺的传承人，同时提出了"货色正路，偏路不贪，新法熏窨，香味弗变"的经营理念。百年岁月变迁，乾和祥随后的几代传承人苏化南、朱凤英、张俐丽，将传统古法谨记在心，恪守至今；在技艺相因变革中不断推陈出新，形成了众口交赞且相对固定的乾和祥"三宝"：拼配技艺、斗形包装和盖碗茶文化。

双合成在技艺传承方面的典型代表是"郭杜林"月饼的制作工艺传承。"郭杜林"月饼纯手工传统技艺由清朝初年太原饼铺郭、杜、林三姓师徒首创，迄今传承五代。工艺流程包括：皮面制作—擦馅—包馅—烘烤—窖藏。制作的月饼具有"酥、绵、利口、甜香、醇和"的别致口感。虽有许多饼铺效法，但终不得技艺要领，产品总比不上太原北司街双合成老铺的正宗。其实，"郭杜林"月饼制作工艺流程看似没有特别之处，但每一环节都有其独门绝技。如和面的"阴阳手"、揉面的"太极手"、推面的"推拿手"、包馅的"一把抓"，以及烘烤过程的"察颜观色"和窖藏中的"窖圈熟藏"。双合成的这些技艺在近200年的历史中，浸润了几代人的汗水与智慧，经过不断打磨，日臻完善。尤其是在以赵光晋、程玉兰师徒为代表的第四、第五代传承人的共同努力下，研发出蛋皮"郭杜林"月饼，并在馅料上做文章，开发出五仁、百果、沙棘等十几个品种，形成了双合成"郭杜林"硬皮硬馅、软皮软馅、无馅系列月饼之优势，在发扬光大传统技艺的同时使企业产品系列不断发展壮大。

作为传承几百年的老字号，复盛公严格遵循古法"九蒸九晒"炮制六味地黄丸。六味地黄丸重用熟地黄为君，炮制技艺的核心乃九蒸九晒熟地黄。即：选取怀地块大干净者，放置在陶罐中，加入黄酒搅拌均匀，直到生地将黄酒吸尽，盖好锅盖，隔水蒸至内外呈灰黑色，倒出熟地黄和蒸出的液体，将液体拌入地黄内，摊开晾晒至八成干。再补入黄酒，如此循环往复蒸制九次。取出蒸制过的熟地黄，日晒夜露一整天，为一炙一蒸一晒，拌入收集的熟地汁和黄酒，再蒸再晒，如此反复，经过九炙九蒸九晒27道工序，炮制好的熟地黄"黑如漆、亮如油、甜如蜜、香如饴"，入口即化，无吸收之障碍，同时熟地黄滋阴补血之作用得到加强。九蒸九晒工艺是古人智慧的结晶，如此千锤百炼只为收到好的功效。一方面对药材予以减毒、增效、除菌，另一方面既改良了药材的口感，又便于贮存，尤其重要的是纠正了药材本身的偏性，使药材的天然性得以升华，便于更好地应用于临床。

（三）成功的老字号，都是创新的典范

如果缺少了创造性转化与创新性发展，老字号企业一定会在时代的前行中被市场的力量无情地淘汰。

广誉远现有丸剂、胶囊剂、酒剂、片剂、颗粒剂、散剂、口服剂等剂型的104个"国药准字"号产品和保健食品"远字牌龟龄集酒"、食品"龟龄露酒"及白酒等。其中，龟龄集、定坤丹为国家保密品种，与安宫牛黄丸同属于国家非遗项目。为推动中医药现代化，广誉远秉持"道地药材+古法炮制+现代制药"的战略原则，在继承传统配方、技法的基础上，走"产学研用"一体化的创新之路，先后与上海中医药大学、中国药科大学等组建药物研究院，与北京协和医院等单位建立长期合作关系，开展有关的药理及临床研究和中医药科学性实证分析。"龟龄集二次开发项目"获山西省科技进步二等奖；截至2024年年底，龟龄集和定坤丹累计被14项指南和7本教科书列为推荐用药；公司研发团队在国内外知名期刊发表相关研究论文200余篇，其中SCI期刊收录论文31篇。

太原酒厂有限责任公司，简称太原酒厂。按照"汾清同源，一脉两支"的说法，太原酒厂的晋酒、晋泉等产品就是传承自太原古酒"汾清"中的"清"脉。虽为老字号企业，但其晋酒文创产业园可谓中华优秀传统文化"活态"转化的典型代表。即依托 5G、物联网、大数据、AI 等技术优化升级园区管理、运营与服务，实现园区的全面感知、泛在连接，让园区从"单场景信息化"发展为"全场景智能化"，打造以人为本的晋酒文创产业园。"智慧感知"渗透到园区管理与运营的每个细节，助力中国古老酿酒文化、山西地域文化与特产文化的高效传播。另外，关于工艺创新，在太原酒厂还有一段佳话：张跃军董事长曾在毛巾厂与太原第一毛纺织厂工作多年，来到太原酒厂后，他联想到之前在毛巾厂的经验，在白酒生产工艺流程的发酵保温环节，用棉被替换了原来用来覆盖发酵保温层的麦秸，既减少了高粱白酒的"杂味"，又实现了酒糟的重复利用，一时传为企业家跨界经营的美谈。

复盛公在产品、技艺、生产流程、服务平台以及数字化和知识产权保护等诸多方面进行了全方位创新。比如，复盛公积极推进智能制造，实施智能装配提升，生产制造向自动化、智能化、绿色化、数字化升级转型，关键生产工艺均实现智能化控制，确保产品质量的均一性。近年来，复盛公由传统生产转化为工业互联网技术、大数据技术、智能控制系统三个技术结合在一起的智能化生产，通过智能制造项目建设，最终实现研发、工艺、制造、管理、监测、物流等环节的集成优化，实现企业智能制造的有效管理与决策，全面提升资源配置优化、操作自动化、实时在线优化、生产管理精细化和智能化水平。再比如，复盛公借助大数据和会员管理，基于传统药店和电商平台公域流量，应用营销技术，实现数据中台的精准私域触达。同时，利用数字化工具推动全渠道用户精细化管理，为消费者提供更个性化的定制服务。复盛公医药产业园融合了5G智慧工厂、智慧物流、数字化营销主题模式，带动线上销售大幅提升。

（四）成功的老字号，都是"和"的典范

如果没有和衷共济的精神，老字号企业一定会在长路漫漫的跋涉中失去相互扶掖、共济共生的支撑力量。

双合成，其成立之初字号的取名就有着"合和"的意思——清道光八年（1828年），河北省保定府满城县人李善勤、张德仁本着"和气生财，两人合作必能成功"的初衷，立商号"双合成"。民国初年，双合成大掌柜陈步云提出："笑脸相迎，童叟无欺，唱收唱付，热情周到，良心做事，知行合一。"在此基础上，逐步提炼为"双合成喜，双合成福，双合成旺，双合成缘，双合成功"的"双合精神"，升华为"合与和，追求事业合作，创造生存和谐""合心、合力、合作，创业、创新、创造，诚实、诚信、成功，立言、立行、立业"的双合成企业哲学。更为突出的是，如今双合成的掌门人赵光晋亲自撰写《合和赞》一文，并被勒刻于石壁，置立于企业文化长廊"知行廊"入口。赵光晋在该文中回忆往昔"一根扁担挑百年，两人双合成大业"，展现今朝"福喜合和大发展，双合飘香美名传"，盛赞"合和之义大矣哉"。

"乾和祥"三个字内涵丰富，寓意深刻。乾乃天，和即和合、和谐，祥为吉祥，总体意为在祥和的氛围中经营茶叶生意，方可天长地久。同时，"乾和祥"既寓含着中华文化中"天人合一"的哲理，也就是大自然与人、人与人之间的和谐；又代表着老百姓对美好生活的向往与祈愿。

山西省老字号协会会长单位六味斋的"家""和"文化，既寓有"家"的理念，又富于"和"的意义。"家"文化包括三重含义：一是"家"企业——职工之家；二是"家"社会——市民主厨；三是"家"天下——民食为天。相应地，"和"文化也有三重价值，即："和"在企业与员工,"和"在企业与社会,"和"在企业与环境。

作为三晋老字号,紫林醋业在企业文化核心价值体系中,着重突出"一群人、一辈子、一件事"的思想。一群人,就是紫林这个团队,有着坚定的信仰和理念、一致的目标与统一的行动,有着共同的价值取向,一起做醋,一道做事。一辈子,即把"小我"融入企业事业发展的"大我"之中,用一生的坚守与执着奉献紫林。一件事,一言以蔽之,即紫林不屈不挠、追求卓越的事业,亦即立足紫林,誓志做大做强醋业,让山西成为"世界醋都",让紫林醋香飘九州。

(五)成功的老字号,都是集成品牌历史、价值与文化的典范

事实上,每一个老字号,都如同陈酿醇化的老酒,都有着旧招牌、老故事与固定的拥趸群,都是经年历史、独特价值和传承文化的集成者。

当今有个时髦的新名词,叫作"首店经济",本是指一个地区利用特有的资源优势,吸引国内外品牌在区域首次开设门店,使品牌价值与区域资源实现最优耦合,以及由此对该区域经济发展产生积极影响的一种经济形态。但我们也发现,很多老字号的"首店",本身就是可资利用的经营资源,守住老店就是很好的"首店经济",由此也可称为"守店经济"。如益源庆,在岁月的波澜中几经沉浮,600多年来始终扎根宁化府老巷,使宁化府品牌与益源庆紧紧地融为一体,不仅为太原老城留下一缕隽永的醋香和无尽的回忆,而且带来了守住"首店"的收益:让更多的人坚信"山西自古酿好醋,好醋还是宁化府"。又如六味斋,尽管已建成云梦坞文化产业园,但依然坚守着柳巷酱肉店这块地方。要知道,柳巷和桥头街交会口这块地方是六味斋解放前就开店的所在,这地界是太原历史悠久的商业闹市,有清和元、认一力等老字号比邻相居。从某种程度上讲,如今柳巷酱肉店所在地,可谓六味斋的发祥地,也是六味斋的"首店"地。守住这个"首店",就守住了六味斋的历史,

守住了太原人对六味斋的记忆，也就守得了"首店经济"。再如乾和祥，自创始人王占元在太原钟楼街投资6000块大洋开办乾和祥茶庄以来，就一直矗立于"首店"宝地；2021年，太原市迎泽区委、区政府对钟楼街（千年古街）进行文化街区改造，乾和祥茶庄由路北回迁至建店原址路南；2023年，乾和祥茶庄被国家文物局、山西省文物局认定为万里茶道世界物质文化遗产申报点。

广誉远值得自豪的优势资源可以概括为"12345"，即：一个中华老字号品牌，两个国家保密品种，三项国家非遗项目，四大经典产品，近五百年历史文化。除此之外，广誉远还有很多誉广名远的殊荣：国家级非物质文化遗产生产性保护示范基地、国家中医药健康旅游示范基地、国家AAA级旅游景区、国家高新技术企业、省级企业技术中心、省级工程技术研究中心、山西省重点实验室，"远字牌"为国家驰名商标。2021年，广誉远荣获第三届山西省质量奖；2022年，定坤丹、安宫牛黄丸通过首批"山西精品"认定。现为山西省重点产业链"链核"（潜在链主）企业、晋中市"链主"企业、山西省科技成果转化示范企业。尤其值得指出的是，广誉远于2015年启动广誉远中医药文化产业园的建设，2018年10月，投资8亿元的一期工程建成并投入使用。该产业园成为一个"展现中华医药经典传统，承载企业和产品历史、价值和文化，反映广誉远人秉承历史奔向'修合之巅、中华药魂'目标的奋斗历程"的文化大观园。

双合成有个"0.01文章大有可为"的数学"公式"，说的是一年365天，"尽力去做"=0.99的365次方=0.0255，"全力以赴"=1.01的365次方=37.7834，"全力以赴"除以"尽力去做"=1481。如此独特的"公式"，无疑展示了老字号企业文化的独特价值。

总之，老字号企业是中华优秀传统文化的"活载体"，天然地与中华优秀传统文化有着千丝万缕的联系，对中华优秀传统文化有着永远也割舍不下的情结。

三、老字号企业的文化传承与创新——传下去、走出去、火起来

近年来，山西省委、省政府牢记习近平总书记的殷殷嘱托，自觉肩负历史文化资源大省的使命职责，坚定文化自信，深挖优秀历史文化内涵，不断健全老字号保护传承和创新发展的政策体系，出台了《关于促进老字号创新发展的实施意见》等纲领性文件和具体举措，持续加大老字号保护传承力度，推动老字号企业本着"守正创新、开放发展"的原则，开展"传下去""火起来"系列活动，例如：讲好老字号故事；抢抓"国货潮品"消费新机遇；分级分类培育老字号龙头品牌，引领特色产业加速集群成势；开展"五进"活动；等等。总之，在全社会鼎力支持下，山西省老字号企业发展活力不断增强，品牌影响力持续提升，为中华优秀传统文化融入企业、融入经济、融入时代的发展，奠定了坚实的基础。

（一）积极宣贯政策，加强老字号保护与传承

山西省商务厅等12部门，根据《中华人民共和国国民经济和社会发展第十四个五年规划和2035年远景目标纲要》《山西省传承振兴老字号行动方案（2021—2023年）》等文件精神和要求，于2024年4月制定和发布了《关于促进老字号创新发展的实施意见》（以下简称《意见》）。该《意见》指出："到2026年，老字号保护传承和创新发展体系基本形成，老字号持续健康发展的政策环境更加完善，创新发展更具活力，产品服务更趋多元，传承载体更加丰富，文化特色更显浓郁，品牌信誉不断提升，市场竞争力明显增强，对推动全省经济高质量发展的作

用更加明显，人民群众认同感和满意度显著提高。全省老字号企业整体营收规模超过 600 亿元；省级以上老字号超过 100 个，培育老字号博物馆、展览馆、体验馆、文化馆超过 20 个。"

一是保护知识产权。对独有产品的配方、工艺、服务等进行整理完善和创新，通过专利申请、商业秘密保护等方式实施知识产权保护。老字号商标所有权人在不影响传承的前提下，可依法进行商标专用权转让。会同有关部门对侵犯老字号知识产权和制售假冒老字号产品的不法行为，依法进行严厉打击。

二是保护原址原貌。对具有百年以上历史的老字号旧址，优先推介为文物保护单位、历史建筑，实行原址保护。推动把老字号特色街区建设纳入城镇总体规划。协调支持有关部门对老字号原址的征收拆迁方案，建立听证制度，广泛征求社会各界意见，在保留老字号历史功能的前提下尽量在原址或附近回迁安置，保留原有商业环境。

三是保护文化遗产。加强老字号与非遗宣传，开展老字号宣传行动，保护老字号品牌，发展咨询专家库，涵盖非遗传承、法律咨询、商标保护等方面，为老字号发展提供支撑。鼓励老字号建立自己的博物馆和陈列室，宣传老字号的品牌文化与非遗风采。

四是健全传承体系。近年来，山西省陆续认定了一批老字号传承人，并且鼓励支持符合条件的传统工艺传承人申报评审职称。探索老字号企业与高校、职业院校等合作共建"工匠传承工作室"和"工匠教学基地"，鼓励老字号传承人到学校兼职任教、收徒传艺。鼓励支持老字号企业开展人才培训和技艺交流。引导、支持老字号企业在保持产品质量和传统文化的基础上，通过研发新品、优化工艺、改进包装款式等，打造适应年轻消费群体的产品，提升年轻一代消费者对老字号品牌的认知度；以传统文化和元素为基础，集合时尚、流行等元素，打造"老字号国潮"产品；引入专业设计团队推陈出新，打造具有文化特色的地标性旅游商品；推动老字号餐饮企业加快晋菜创新步伐，弘扬振兴晋菜；实施中医药老字号传承与创新工程，挖掘、申报、应用名老中医的经方和验方。

五是开展形式多样的老字号传承活动。2024年一季度，胡氏荣茶、清和元、认一力等老字号企业强化传统技艺传承保护，通过成立大师工作室、传统制作技艺传承所，对老字号博物馆、传承遗址投入资金扩建升级改造，举行师徒传承仪式，与高校开展老字号传承研学合作项目，对老字号非遗传承人进行培训等不同的方式，让老字号在现代社会中不断焕发出新的光彩。

（二）守正创新，焕发全新活力

老字号的价值在"老"，出路在"新"。唯有创新不止，老字号才能青春永驻；唯有依托现代企业管理的创新发展，才能为中华优秀传统文化传承注入无限活力。

实施老字号推陈出新的创新行动，一是通过文化引领提升品牌形象。近年来，越来越多的老字号企业在稳定既有消费群的基础上，把年轻消费者确定为目标受众，开展了丰富多彩的活动。例如，通过线上线下多媒介宣传老字号故事，邀请年轻人参加非遗系列节目拍摄，为年轻消费者推出系列情景式营销模式，让年轻人走入老字号基地品赏传承故事并在老字号基地进行"穿越"情景剧演绎，引领消费者参观老字号文化园区……这些举措极大地提升了品牌形象以及消费者对老字号产品的认知度和好感度。广盛原建设中医药文化博览苑，博览苑建有中药传统技艺互动展示厅、中医药博物馆等，对外展示企业文化、中医药文化及传统技艺。鑫炳记先后建立太谷饼文化园、以晋商文化为主题的旅游特色餐厅、以山西特产为主的旅游产品超市，既丰富了乡村旅游的内涵，又带动了鑫炳记饼文化的宣传。新时代的八义窑,以"传承非物质文化遗产,打造红绿彩国瓷品牌"为目标,成立了八义窑红绿彩研究所,先后与中国艺术研究院、中央美术学院以及山西有关高校等合作,推出了一批极具收藏价值的中高端红绿彩瓷产品。店头云雕在大漆云雕作品的设计上,积极思考云雕与当代生活的关系、现代人的审美以及当代漆艺技法在云雕中的运用,突破了云雕的传统模式,形成了不同于以往的独特的艺术风格,受到了越来越多年轻消费者的青睐。总之,山西省老字号企业正以一种全新的形象快步走进年轻人的消费视野,在留住老顾客的同时吸引新顾客,促使品牌知名度飙升。

二是以差异化策略适应市场的多层次需求。老字号企业在保持传统工艺的基础上不断创新发展,即通过开发新产品、推出新服务、改进包装款式,推动老字号营销创新,并通过探索跨界合作等新经营模式,将传统文化元素与现代消费需求相融合,以适应市场的多元化需求。例如,汾酒集团、六味斋、华泰厚等企业,倾力打造年轻化的老字号"国潮"酒、网游限定礼盒、新中式服装等;水塔、紫林等醋企业推陈出新,打造具有文化特色的地标性旅游商品;餐饮老字号在传统节日上做文章,主推"年货礼包""团年宴"等产品;广誉远等药企基于经典名方尝试新药开发;益泰永等工艺美术行业企业深挖市场需求,积极开发系列文创产品;孙记包子紧跟时代,将餐厅设计成仿古市井的式样,以中国古代传统文化吸引更多的年轻人。尤其表现突出的是汾酒集团的竹叶青品牌,其在消费市场中进行了诸多创新与尝试,包括品质价值、文化表达、市场营销创新等层面,已经成为行业的标杆案例。

三是用现代管理方法和理念不断提升传统企业经营管理水平。近年来,一些老字号企业通过优化经营管理,激活市场化运营机制,焕发出勃勃生机,使企业竞争实力大幅增强。例如,三盛合通过聘请北京的策划和营销管理机构，制定了详细的经营战略，组建了一支高素质的营销团队，取得了亮眼的成绩。宝聚源投资60万元，与深圳市中旭企业管理股份有限公司签订了企业管理培训、文化兴企战略执行与落地中长期战略合作协议，培训中高层管理干部150人次。六味斋将党建工作要求写入企业章程，在实践中逐渐形成了符合企业文化的人才标准，重点实施"三个培养"，把党的政治优势转化为企业的人才优势，极大地提升了干部队伍的素质和士气，将一大批基层员工培养成党员进而发展为生产经营管理骨干。广盛原设置了传统技艺文化传承工作室，每年组织两期献茶、拜师等师徒传承活动，为老字号的传承发展培养了大量人才。

（三）走出去、沉下去，开拓发展新空间

通过"走出去"等活动把老字号品牌推向省外和国际市场。一是持续实施山西省老字号企业"走出去"战略。组织全省老字号企业参加由省政府主办的"山西品牌中华行""山西品牌丝路行""山西品牌高铁行""山西品牌网上行"等活动，通过补贴展位费的方式重点扶持企业参加其他省市举办的老字号展会，依托多个集品牌展示、文化交流、宣传推广等功能于一体的开放平台展示山西省老字号发展成果，促进品牌宣传和文化交流，提升山西省老字号在全国乃至国际上的影响力。

2024年一季度，76家山西省老字号企业通过参加糖酒会、醋文化节、非遗产品大展、年货节、老字号嘉年华等展览展示活动，向世人展现了山西省老字号深厚的历史文化和独具匠心的优质产品。同年4月，山西省老字号协会组团在海南参加第四届中国国际消费品博览会；5月，在深圳文博会上，山西省老字号产品大放异彩；6月，组织老字号企业代表赴北京对接中石化易捷和中石油昆仑好客，赴西安唐久物流考察调研并参加中石油昆仑好客第四届购物节，寻求合作发展新机遇，探索商品销售新模式；7月初，组织50余家老字号企业负责人赴太原唐久物流实地研学；7月中旬，山西省88家老字号企业和部分名优特企业负责人共200余人，参加山西省商务厅和中国石化山西石油分公司共同主办的"晋品出晋 易捷易购"——山西名优特商品与中国石化易捷产供销对接签约活动，在活动现场，中国石化广东、河南、山东石油分公司与山西省老字号六味斋、紫林、冠云等企业代表签订购销意向协议，此次活动达成意向成交金额1.58亿元。

"走出去"系列活动与举措，极大地增强了省外消费者对山西省老字号品牌和文化的了解，为山西省老字号产品"走出去"开辟了崭新的途径和广阔的市场。

二是老字号"五进"活动有声有色。按照商务部等4部门办公厅印发的《"老字号中华行"活动实施方案》，要推动老字号进街区、进社区、进景区、进平台、进校园，以"走进"为契机推动建立合作长效机制，充分发挥老字号示范带动作用，丰富商品服务供给，便利居民日常生活，释放品牌消费潜力，促进非遗保护传承，弘扬中华优秀传统文化。

2024年4月，在山西省商务厅的指导下，山西省老字号协会与晋城市人民政府携手举办了山西省老字号嘉年华（晋城站）活动。此次活动以"国货经典·潮品焕新"为主题，共设置展位60余个，山西省多家老字号如杏花村汾酒、六味斋、紫林陈醋、广誉远、冠云、泰山庙、乾和祥、颐圣堂、晋韵堂、晋泉、荣欣堂、宁化府等均携国货潮品到场展销，展会持续3天。

与此同时，山西省老字号协会还在晋城市开展了"进校园"与"进社区"系列活动。首先，走进晋城技师学院，与校方签订《山西老字号教育实践基地协议》；其次，聘请中华老字号"乔氏珐华"传承人乔琳为学校课外辅导员，乔琳现场为学生讲授"'老字号'工匠精神"第一课，向同学们介绍了"乔氏珐华"技艺的传承和发展，让学生们近距离感受传统文化的魅力；最后，山西省老字号协会携同三晋老字号颐圣堂的中医，走进晋城市秀水苑社区，开展免费问诊活动，慰问困难群众，并在该社区设立山西省老字号"晋在咫尺"爱心社区。

（四）数字赋能红起来

山西省老字号企业顺应时代潮流，积极推进传统企业数字化转型发展。例如，平遥县唐都推光漆器有限公司开展信息集成、大数据可视化定制体验销售，通过传统工艺与时代元素相结合、产业研用相结合，全面实施工业经济向体验经济的转型、制造向智造的转型，让平遥推光漆器步入生活、走向世界、走向未来。刘老醯儿利用新媒体、新平台等数字化资源进行产品展示、服务和品牌文化传播，加强与消费者的沟通，提升品牌认知度与美誉度。

近年来，越来越多的山西省老字号企业注重信息化建设和数字化改造，依托线上销售平台和新媒体，拓展老字号品牌宣传与销售渠道。其中74家老字号以自建线上渠道，参与年货节和地市直播宣传为主要内容，结合数字VR、网红直播等设立主题式、场景式、互动式的"老字号""非遗"品牌馆。以展馆坐播、边逛边买走播、探索老字号基地等多种形式进行带货直播，搭建老字号展示平台，不断推动品牌年轻化，成功探索出老字号年轻化的转型之路。

古人云："大道不孤，众行致远。"一路走来，山西省老字号企业始终不忘肩负的历史责任和使命，本着守正创新的原则，积极参加或举办形式多样、内容丰富的老字号活动，将中华优秀传统文化与现代管理相融合，深入挖掘企业发展力、品牌影响力、文化承载力、示范带动力和社会贡献力，为社会进步和经济发展做出了新时代应有的贡献。

（执笔人：谢振芳、刘丽媛、余森翔）

楔牢"天人合一"观的绿色转型

——清徐精细化工循环产业园"三杰"的生态文明之旅

清徐经济开发区位于山西省太原市最南端,是全国"十四五"时期重点支持的县城产业转型升级示范园区,是全国省级开发区高质量发展百强和全国绿色工业园区。在清徐经济开发区,有一个精细化工循环产业园,是山西省政府审核认定的化工园区。该循环产业园按照强龙头、延链条、建集群的产业发展思路,围绕美锦、梗阳、亚鑫等龙头企业,构建氢能、碳基新材料、电解液溶剂等重点产业链条,形成全省化工新材料特色产业集聚区,打造充满活力的氢都、碳谷、溶剂之城。

在这个产业园,比邻而居的三家优秀企业,即美锦、梗阳、亚鑫,是园区企业中的"三杰"。三家企业,以煤炭为原料,首尾相接,循环利用,构成了一个共建共赢共享、符合"三个三"标准的"四化四一流"的绿色低碳精细化工园区。以绿色转型为主线的三家企业,不仅以其现代煤化工产品、技术和骄人的业绩,成为园区的龙头和骨干,而且在企业管理、文化传承、社会贡献方面,个个是旌旗猎猎、独树一帜。

一、引领循环低碳风尚的美锦:弘扬晋商精神,汇聚绿色发展力量

(一)企业简介

美锦能源集团创立于1981年,是伴随着改革开放发展起来的第一

代民营企业，总部在太原市清徐县，是一家综合性能源企业。多年来，美锦能源集团入选中国民营企业500强，2023年在山西省民营企业中排名第9位，先后被山西省委、省政府授予"山西省循环经济试点企业""山西省功勋企业""山西省改革创新杰出企业"等荣誉。

美锦能源集团本着"以煤为基，走绿色发展、资源综合利用之路"的原则，以焦化产业为核心，积极发展清洁能源，构建煤、焦、化、氢于一体的循环经济。集团在转型中升级，在转型中蜕变，主动适应经济新常态，推进煤炭由单纯的"燃料"向工业"原料"进而向新型"材料"转变，逐步实现产业转型升级。

山西美锦能源股份有限公司（以下简称美锦能源）是美锦能源集团旗下的上市子公司，也是国内最大的独立商品焦生产基地之一、中国上市公司A股百强企业之一。美锦能源于2007年借壳上市，2015年完成重大资产重组，已形成"煤—焦—气—化"的完整产业链。公司业务范围涵盖煤炭、焦炭、化工、环保、科技、氢能源、新材料等几大产业板块。

美锦能源作为全国最大的独立焦炭生产商之一，正由传统能源向氢能源转型升级，与煤焦化产业协同发展，形成双轮驱动的发展战略。目前已完成气能全产业链布局，上游搭建氢气制储运加用产业链；中游搭建膜电极—燃料电池电堆及系统—整车制造的核心装备产业链；下游推进六大区域发展战略，即粤港澳大湾区、长三角、京津冀、环渤海、能源金三角、中部地区。美锦能源探索了从研发到生产制造再到商业化应用的"氢能源全生命周期"创新生态链，持续打造具备自主知识产权的氢能产业集群。

围绕国家"碳达峰、碳中和"战略目标，抓住国家氢能产业发展的战略机遇，美锦能源在山西、山东、浙江、广东分别建立四个产业园，在北京、上海、河北、内蒙古、宁夏、河北、重庆等地积极开展燃料电池汽车示范项目，目前已形成"产业链+区域+综合能源供应体系"的多维格局。

（二）统一、集中、扁平化管理

统一管理体现在：统一采购，显现了规模效应，有效地降低了采购成本，增强了议价能力；统一销售，发挥了集中储运调度优势，降低了铁路运输成本，更好地满足了客户需求；统一财务，规范了会计基础管理，财务核算更加专业化、标准化、精细化，资金运营灵活有序，更加适应大盘统筹运作的需要。

集中管理体现在：公司总部下设十二个部门，由各部门领导各企业运转，实现了集中管理，减少了多余的营运环节，加大了管理力度，实现了规模经济效应，使各项制度的实施更加高效，为各部门提供了有效的资源共享平台，减少了运营和维护成本。

扁平化管理体现在：公司进一步精简了管理层次。压缩职能部门和机构，减少中间不必要的环节，使公司快速地将决策延至生产、营销的最前线，提高了公司的整体效率。

（三）精神血脉的传承与赓续

早在公司成立之初，美锦创始人姚巨货先生就明确提出了"先做人，后做事"的基本理念，在多年的艰苦创业中逐渐形成了"实实在在做人，踏踏实实做事"的企业精神。随着企业不断发展壮大，美锦人谨记姚巨货先生朴实而富含人生哲理的训言，以强化个人内在品质为基础，弘扬晋商诚信精神，培植"勤俭、清洁、和谐、发展"的新理念，形成了以"艰苦创业、齐心合力、风雨同舟、和谐共进"为内容的新企业文化。

公司始终坚持"以煤炭能源为主，多元发展，人尽其才，物尽其用"的企业方针，把"干一流工作、出一流产品、上一流管理、争一流效益、创一流企业"作为企业目标，秉持"顾客是上帝、员工是主力、科技是动力"的经营理念，形成了包括创新、协作、奋斗、责任，以及安全第一、环保优先、以人为本、追求卓越在内的核心价值观。

公司成功之道可归纳为：诚信为本，主正不邪，超前谋划，择机选项，适度借贷，顺势扩张，股份合作，滚动积累，内方外圆，引进资才，政企互补，资助公益。

二、追求科技、绿色、和谐、实力的新亚鑫：创新以图强，诚信以致远

（一）企业简介

山西亚鑫能源集团有限公司（以下简称亚鑫集团或亚鑫）创建于1994年，总部位于山西省太原市。经过30多年的矢志拼搏和创新发展，亚鑫集团已成长为以煤焦化工、高新材料、文旅康养三大产业为主，并逐步向新能源精细化工产业领域延伸的多元化企业集团。亚鑫集团连年入选中国能源（集团）企业500强，是山西省100强企业，也是太原市突出贡献民营企业。

亚鑫集团在发展中逐步明确了"高端化、智能化、绿色化、集成化"（四化）的发展定位和"装备一流、环保一流、能耗一流、效益一流"（四个一流）的建设标准，积极谋划传统能源向新能源转型升级，按照固碳、减碳、能源综合利用的主旨思路，分层次布局煤焦化工、新能源精细化工、电池新材料和智慧能源综合管理等绿色产业，并借助移动互联网、5G、大数据和人工智能（AI）技术推动企业技术创新、产业创新，全面实现绿色、循环、可持续发展。

亚鑫集团利用焦炉煤气制甲醇的成本优势，打造了新能源锂电池电

解液溶剂材料产业，先后启动了焦炉气减碳新材料项目和高端电子新材料项目。项目依托自产甲醇原料，年产 20 万吨碳酸二甲酯（DMC）、10 万吨碳酸甲乙酯（EMC），以及 2 万吨碳酸二乙酯（DEC）。亚鑫集团正在从传统煤焦化工向精细化工延伸。同时，积极探索可再生资源产业，建设废旧锂电池资源循环利用项目，实现对新能源锂电池全生命周期的闭环赋能，推动企业由传统能源向新能源转型发展，持续为社会提供更多优质、绿色产品。

（二）绿色创新为源的企业发展

创新是企业发展的不竭动力。30 多年来，着眼于绿色发展蓝图，公司通过不断创新，实现了三次跨越，在技术装备、安全环保和经营模式等方面始终处于行业先进水平之列。

在技术装备上不断创新。亚鑫最初起步的业务是汽车运输和煤焦营销。在积累了一定的经验和资金后，于 1994 年创办了年产焦炭 5 万吨的亚鑫焦化厂。由于当时市场行情好，焦化厂当年投产，当年就有收益。随后，连年扩建焦炉，渐次配齐了洗煤、浮选设备。五年后，焦炭年产量由最初的 5 万吨上升到 30 万吨，并且凭借稳定可靠的质量，亚鑫品牌在天津创出了一定的知名度。这是公司的第一次跨越发展。2001 年注册成立了山西亚鑫煤焦化有限公司，实施二次创业战略。2002 年，公司根据国家的产业、环保政策上马了 62 万吨/年焦化技改项目，建设在国内居先进水平的 JNDK43-99D 型宽炭化室侧装捣固焦炉，并配套建设化产回收工程。在配煤炼焦的同时，回收、加工化工产品，净化焦炉煤气。这是公司的第二次跨越发展。2018 年，公司在国家"双碳"目标的指引下，明确"四化"定位和"四个一流"标准，投资近 73 亿元建设精细化工及高新材料产业转型升级项目。项目以一级冶金焦生产为基，回收焦炉煤气、焦油、粗苯、硫铵等化工产品，并通过进一步净化煤气，采用精脱硫加氢工艺制备甲醇、合成氨产品，同时将生产过程中产生的蒸汽余热全部用于发电。至此，公司从"以焦为主"，发展为"以化领焦"，真正做到了资源的循环利用，成为清徐精细化工循环产业园绿色循环经济的典范。这是公司的第三次跨越发展。

在安全环保上不断创新。安全、环保都是关系到企业生存的一票否决项，也是公司常抓不懈的重点项。依据国家有关政策，公司确定了"以人为本，安全为天"的安全理念和"天蓝、地绿、水清、人和"的环保理念，重投资、建制度、抓落实。多年来，公司在安全环保工作中完善了安全环保制度，组建了相应的管理机构，形成了三级培训网络，健全了应急运作机制，为企业的安全生产和平稳经营打下了坚实的基础。在项目的建设上，特别是在精细化工项目建设之初，公司坚决按照"三同时"原则，在环保措施设计上高标准、严要求，确保了达标生产。当然，亚鑫人并不满足于既有成绩，深知对安全事故和跑冒滴漏问题的管理不可能一劳永逸，细节管理永远在路上。

在经营模式上不断创新。一直以来，公司坚信"一个好汉三个帮，众人拾柴火焰高"的朴素道理，主动打破过去"单打独斗"的经营模式，多方寻求合作伙伴，通过合作、合资、参股等方式实行多种经营模式。一方面，在煤焦上下游产业链上进行拓展，奠定了原料和产品的供销基础；另一方面，依据"一业为主，多元发展"的经营理念和"一轴两翼"的战略，在文旅和高新技术材料产业上进行了新的布局。特别是在文旅产业方面，通过充分整合现有的酒店服务、文化旅游、生态旅游、阳光农业、特色养殖、康养小镇、地产、物业等资源，形成了目前的酒店、康养、生态园三大板块。

（三）诚信为本的企业文化

诚信是亚鑫集团企业文化的基石。公司始终坚持诚实守信的原则，对待客户、合作伙伴和员工都保持着高度的诚信。这种诚信精神体现在公司的日常运营中,无论是产品质量的把控,还是服务承诺的兑现,公司都要求务必做到言行一致,从而赢得了广泛的信任和尊重。

全力营造诚信氛围。公司把打造诚信企业融入创建文明单位工作,从战略全局高度谋划,在企业整体推进落实。公司成立了诚信企业争创工作领导小组,总经理亲自挂帅,把诚信企业创建与文明单位建设摆到同等重要的位置,确保目标明确规范,方案具体细致。一是开展了系列培训活动;二是开展了系列争创活动;三是把诚信理念融入企业文化建设当中;四是鼓励职工参与民主管理。

需要着重说明的是,公司把企业宗旨、企业愿景、企业精神、企业道德以及经营、质量、营销、合作、安全、用人、节能、环境等方面的理念,用语言形式表达出来,凝汇成一套语言精练、内涵丰富的企业文化体系。例如:"科技亚鑫、绿色亚鑫、和谐亚鑫、实力亚鑫"的企业宗旨;"铸就百年基业,成为受人尊敬的绿色能源企业"的企业愿景;"为民服务孺子牛、创新发展拓荒牛、艰苦奋斗老黄牛"的"三牛"精神;"自强、忠诚、勤奋、守法"的企业道德;"诚信经营,造福社会"的经营理念;"人人都是顾客,创造顾客忠诚"的质量理念;"时刻关注市场,满足客户期望"的营销理念;"同强共赢"的合作理念;"以人为本,安全为天"的安全理念;"不分亲疏,唯德唯才"的用人理念;"珍惜有限、创造无限"的节能理念和"天蓝、地绿、水清、人和"的环境理念;等等。

大力做实诚信经营。随着行业经营的日益规范,客观上要求企业强化服务观念,增强诚信意识。一方面,畅通与客户交流的渠道,加大感情投入;另一方面,坚持为客户提供定期或不定期的上门服务,加大产品质量跟踪调查力度,并根据客户意见及时整改提质,力争以最短的周期、最优的价格为客户提供满意的产品。例如,有一次,某煤化工有限公司提出公司焦油水分超标的问题。公司立即派人到对方厂家证实,并很快查明是炼焦煤配比变化造成的,及时向对方进行了解释,且主动按合同规定给对方抵减了货款;还有一次,某钢铁公司反映公司焦炭灰分高出0.64%,经查证后,公司立即着手调整配合煤,并给出了对方满意的处理结果。这种对客户的真心付出也赢得了客户多年与公司合作的回报。

倾力保证合规经营。公司还专门聘请了常年法律顾问,指导培训企业领导、合同管理人员和有关业务人员,尤其是加强了合同法律知识培训。在经营中,坚持按合同规定执行,每份合同的签订,都请法律顾问参加,并在合同上签字,以保证合同合法有效。合同管理领导小组始终坚持一条原则,即签订大额的合同、涉及安全的合同,都必须采用书面形式并自觉使用合同示范文本。签订的合同要求内容具体,条款清楚,手续完备,责任明确,以保证合同的顺利执行。合同一旦签订,必须做到自觉遵守,严格履行合同条款。此外,公司还积极配合税务部门和银行的工作,按照国家有关规定按时缴纳税款,及时归还银行贷款。公司被基本开户行中国银行山西省分行列为重点客户,授予了AAA级信用等级。

总之,天道酬勤,商道酬信。诚信往来,得道多助。在亚鑫发展的每一个时期、每一个重要节点,总有一批志同道合、守望相助的朋友与公司一起面对。他们或是战略合作伙伴,或是供销合作伙伴,或是社会各界朋友,是他们陪着亚鑫成长,看着亚鑫发展,扶着亚鑫爬山过坎。

三、精气神十足的梗阳:把精神文化融入绿色创新

(一)企业简介

山西梗阳新能源有限公司(以下简称梗阳新能源公司或梗阳)是

2018年5月开始投资兴建的炭基新材料产业项目，注册资金为人民币5亿元，是山西梗阳投资集团有限公司的全资子公司，位于清徐精细化工循环产业园内，项目总占地约1560亩，拥有员工1700余人。

梗阳新能源公司是以高端炭材料延伸和利用为主要发展方向的新型能源企业，致力于构建煤—焦—煤焦油沥青—沥青基碳纤维—碳纤维复合材料和煤—焦—煤焦油—针状焦—特种石墨产业链，努力打造全国规模最大、品质最优、效益最佳的"碳谷"。公司在清徐精细化工循环产业园生产针状焦、冶金焦等，在此基础上，公司以炭材原料及针状焦项目为基础延伸产业链，规划建设内容包括2000吨/年碳纤维项目（含中试）、10万吨/年锂电池负极材料项目等。其中，碳纤维中试项目已于2022年7月5日投料试生产，负极材料项目已通过规划部门初步审查，即将进入可行性研究及详细设计阶段。焦炉煤气综合利用应急保障项目总投资15.6亿元，达产后可年产30万吨甲醇和10万吨合成氨，实现园区焦炉煤气的全部有效利用，后期将向甲醇材料制取聚甲醛、醋酸等产业延伸，以实现能源、材料绿色生产。

梗阳新能源公司拥有独立而集中的435万吨年产能，在全国焦化行业名列前茅，自动化水平、机械装备水平、环保水平也将成为企业样板，主要产品焦炭在冷态质量和热强度方面都将是同行业顶尖水平，能够满足5000立方米以上大型高炉炼铁需要，焦炉煤气能得到最大限度的综合利用，实现产业循环发展，取得良好的经济和社会效益。

（二）企业家精神引领绿色创新

大家知道，传统的晋商文化受儒家思想影响至深，带有很浓的儒家文化色彩。尤其是成功的晋商，按照"修身、齐家、治国、平天下"的处世哲学，从自我做起，崇尚礼教与修身，强调本质的修养和人格的完美，从而培育了刚健有为、百折不挠的顽强意志，养成了奋发图强、永毅前行的拼搏精神。而正是这种文化和精神基因的代际递嬗和传承，衍生出了当代晋商的优秀企业家精神。

梗阳新能源公司的一把手、公司总裁米景轩，就是这样一位有着中华优秀传统文化修养的杰出企业家。他始终牢记习近平总书记"弘扬企业家精神，做爱国敬业、守法经营、创业创新、回报社会的典范"的嘱托，以强烈的责任感和事业心，满腔热情地投身于工作。他身先士卒，亲力亲为，以忘我工作的实际行动，时刻影响着公司每一个人，以优秀企业家的修养和人格魅力，引领大家同心、同向、同行。

为了真正实现梗阳的绿色转型升级，在新能源项目筹备初期，米景轩四处奔波，开展走访调研，数次到国内先进的焦化厂观摩学习，并多次组织行业专家进行项目的研讨和论证，最终在技术装备上决定采用国内技术最为成熟、配套设施完善、环保水准最高的JNX3-70-1型焦炉炉型。工程项目正式开工后，米景轩带领梗阳新能源项目全体建设者克服了新冠疫情、高温、暴雨、极寒天气等不利因素的影响，摸爬滚打、加班加点，付出了超乎常人的努力，保证了项目如期投产，并创造了全国同等规模施工项目工期短、工程质量好、投产调试稳定等佳绩，创造了新的梗阳发展速度。这期间的辛劳与艰苦，真可谓栉风沐雨、胼手胝足。

在积极推进新项目的同时，米景轩积极响应政府有关绿色环保的号召，2020年年初就启动4.3米焦炉退出计划，着手压减清徐焦化分公司的产能。同年10月15日，梗阳新能源清徐焦化分公司90万吨4.3米焦炉全面关停，180万吨机焦旧产能正式退出。正是凭着这种社会情怀和责任担当，加之一往无前的坚定信念和坚如磐石的意志力，米景轩带领企业提前完成了太原市要求的焦化产能压减任务，加快了梗阳新能源公司新旧发展动能转换的步伐。

最难能可贵的是，米景轩以新时代的企业家精神，引领企业不断创新。

在企业建立之初，梗阳新能源公司就确立了打造全国规模最大、品质最优、效益最佳的"碳谷"的发展目标，致力于构建煤化工能源产业链。为此，公司引进并建设了大型7米顶装清洁焦炉6座，其建设规模、工艺技术、设备性能等方方面面均处于国内领先水平。该项目工艺技术线路成熟，选用性能稳定、操作可靠、维修简单、能耗低的节能新技术和先进设备；主要生产设备均无国家明令禁止淘汰的设备，选用的耗能设备如风机、水泵、变压器等均达到国家一级能效水平。目前，该项目实现了生产全流程远程控制，大幅提高了生产效率和产品质量。同时，利用高效节能的6×65孔JNX3-70-1型顶装焦炉、先进的干熄焦-蒸汽轮机发电，以及广泛使用变频电机、节能电器等新设备、新技术，实现了余热余能应收尽收，确保高效节电减排，达到了能耗环保指标国内领先水平。

在针状焦项目科技创新方面，公司设计投产年产能为15万吨的针状焦（含2×30万吨焦油加工）项目。为了破除技术壁垒，公司积极克服技术力量薄弱、人才短缺等困难，实现了一次投料试生产成功，打通了生产流程，针状焦的品质获得权威机构认可，并通过优化沉淀槽等一系列技改，使轻相沥青收率突破了90%，达到国内领先水平，公司因此荣获"中国针状焦新锐企业"称号。同时，以炭材原料及针状焦项目为基础延伸产业链，规划建设碳纤维项目（含中试）和锂电池负极材料项目等。其中，碳纤维中试项目已于2022年7月5日投料试生产，负极材料项目已通过规划部门初步审查，即将进入可行性研究及详细设计阶段。

（三）"和合精神"共襄绿色大业

在中华优秀传统文化中，"和合共生"的理念根深蒂固。在梗阳新能源公司，企业的"和合精神"主要体现在两个方面：一是人与人之间的和谐同心，二是人与自然和谐共生。

人与人之间的和谐同心，就是坚持以人为本，团结一切力量，使之凝聚到企业转型发展中来。

首先，梗阳新能源公司秉持"以人为本、诚信共赢"的经营理念，倡导"求真务实、超越自我"的奋斗精神，运用中央和省市县转型发展的政策支持，吸引国内优秀的专家和人才，以人才领先实现技术领先，变人才优势为企业发展优势，从而为企业发展提供强大的人才保证和智力支撑。近年来，一大批来自江苏、湖北、湖南、山东、河南、内蒙古等省份的技术人才和精英，齐聚梗阳，和谐同心，共谋企业发展。

其次，为了凝聚技术人才，公司主动设计人才培养和职业发展通道，规范职级职等体系建设，建立与公司发展相匹配的岗位管理、绩效管理、薪酬管理等制度，形成"因事设岗、因岗用人、职责对等、绩薪对称"的工作文化。同时，加强人文关怀，注重帮助员工解决实际困难，重新装修了干部公寓，改善技术人员的工作、生活条件，提高职工福利待遇，通过补贴早餐、午餐，发放投产奖金以及组织答谢宴等形式，使企业发展成果不断惠及全体员工，充分调动了员工的工作积极性和主观能动性。

最后，引进人才、留住人才，重点在于为专业人才提供一个学习提升平台。公司依据"重点人才重点培养，优秀人才优先培养，紧缺人才抓紧培养，青年人才全面培养"的方针，进行多层次的系统培养。自2019年以来，公司采取"走出去、请进来"的方法，从晋中、吕梁、运城等地招聘了一批大中专院校的毕业生，并从中遴选优秀的青年技术人才予以重点培养。公司在投产准备阶段还输送200余名实习学生到吕梁孝义、运城河津等地的企业参加实习培训，提高其专业实操技能。同时，公司邀请内部技术专家经常性地对青年员工进行培训，并从中筛选优秀人才加以重点培养。公司还鼓励技术专家"走出去"，到先进企业学习考察，以拓宽人才队伍的视野，提高其理论研究水平。

人与自然和谐共生，就是在生产发展中不能破坏生态平衡，在生态环境保护中又要实现绿色生产发展。在这一战略问题上，梗阳新能源公司的实践主要有以下几个方面。

规划建设。始终坚持"花园式"绿色工厂理念，按照 AAA 级景区标准对厂区绿化和景观水系进行规划建设，绿化率将超过 30%，环保设施和景观绿化投资占项目总投资的 30% 以上，真正实现工业生产与生态环境的融合。

绿色生产。从工程基建到生产工艺，从设备选型到投入运行，公司始终将绿色环保理念贯穿其中。公司 435 项目配套的干熄焦工艺和全流程环保设施使污染物整体排放可减少 30%～50%，吨焦能耗可降低 10%～13%，节省了标煤量，减少了二氧化碳排放量，达到超低排放标准要求，确保了项目经济、技术和环保的先进性。此外，秉承"相互循环、吃干榨净"的循环发展理念，投资建设焦炉煤气综合利用应急保障项目，达产后可年产 30 万吨甲醇和 10 万吨合成氨，实现园区焦炉煤气的全部有效利用。

生产工艺。选用现阶段最先进的工艺技术和装备，同步配套建成各类脱硫脱硝除尘装置及 VOCs 废气回收治理装置，颗粒物、二氧化硫、氮氧化物排放浓度均达到超低排放标准要求。同时，建成全厂污染物管、控、治一体化智能平台，进一步对各类无组织污染物进行了管控治理，取得了良好的治理效果，生产环境得到显著改善。

节能减排。加大生产污水处理、煤气外送等的对外协调工作。严格控制生产污水排放，量化管控指标，严查污水产生情况，减少新水用量和污水排放量，积极协调外送，按规定加大外送量，确保生产污水零外排。拓宽煤气外送渠道，减少煤气放散量，增加生产效益。

环境治理。完成了安全、环保、消防等工程竣工验收工作，在线检测设备数据及视频监控数据全部完成联网上传，进行了污染物排放在线自动检测和手动检测。实施了环保技术改造，已完成筛焦楼、VOCs治理、脱硫脱硝一体化、焦炉烟道等环保项目的技术改造。

安全生产。从软硬件的建设上保证安全生产管理，采用国内先进水平的设备及工艺技术，利用安全智慧管控平台，全流程实现自动化监测和控制，加上完善的安全管理制度，实现全面的生产安全。

总之，屹立于清徐精细化工循环产业园的"三杰"，都是在传统煤炭焦化产业的基础上，通过技术创新、产品迭代、管理升级、文化赋能，实现了绿色转型的华丽转身。质言之，这"三杰"既为县城产业转型和县域经济高质量发展加持了新质生产力，又为中华优秀传统文化与晋商精神续写了新的华章；既是资源型地区发展循环经济的成功典范，也是三晋大地上践行绿色理念的当代楷模。

（执笔：谢振芳、韩轶君）

中华优秀传统文化赋予当代晋商新理念

——"古为今用"的新理念案例集萃

在当今山西,有许多企业在实践中创造性地用中华优秀传统文化来塑造新的经营管理理念,形成了众多古为今用、特色鲜明的个性化应用案例,其中蕴含着丰富的传统美德与深刻哲理,值得研究与推广。

一、天地生人,有一人应有一人之业;人生在世,生一日当尽一日之勤

在山西,通过每天穿行于大街小巷的清洁车、运输车、洒水车以及奔忙于物业服务岗位者的衣着标志,越来越多的人熟知一个叫作蓝泰的民营企业。准确地说,蓝泰是双集团公司,由蓝泰集团和蓝泰物业集团构成。公司成立于1999年,拥有上万名员工,旗下设立10家专业子公司和10家分公司,业务领域涉及物业管理、清洗清洁、城市服务、人力资源、安保服务、园林绿化、科贸服务等12个大板块16个大序列,在服务对象上立足山西、面向全国,服务项目有300多个。

蓝泰,寓意蓝天碧水,泰然其中。公司本着"不以善小而不为"的初心,从"拿笤帚做事"的小处着手,以"成为行业的佼佼者,成为社会欢迎的企业"为愿景,志在"一把笤帚扫出城市品位"。蓝泰的企业文化体系可以用一张图来概括(见图1)。图中最值得一提的是外圆圈内最下方的一句话,即:"天地生人,有一人应有一人之业;人生在世,

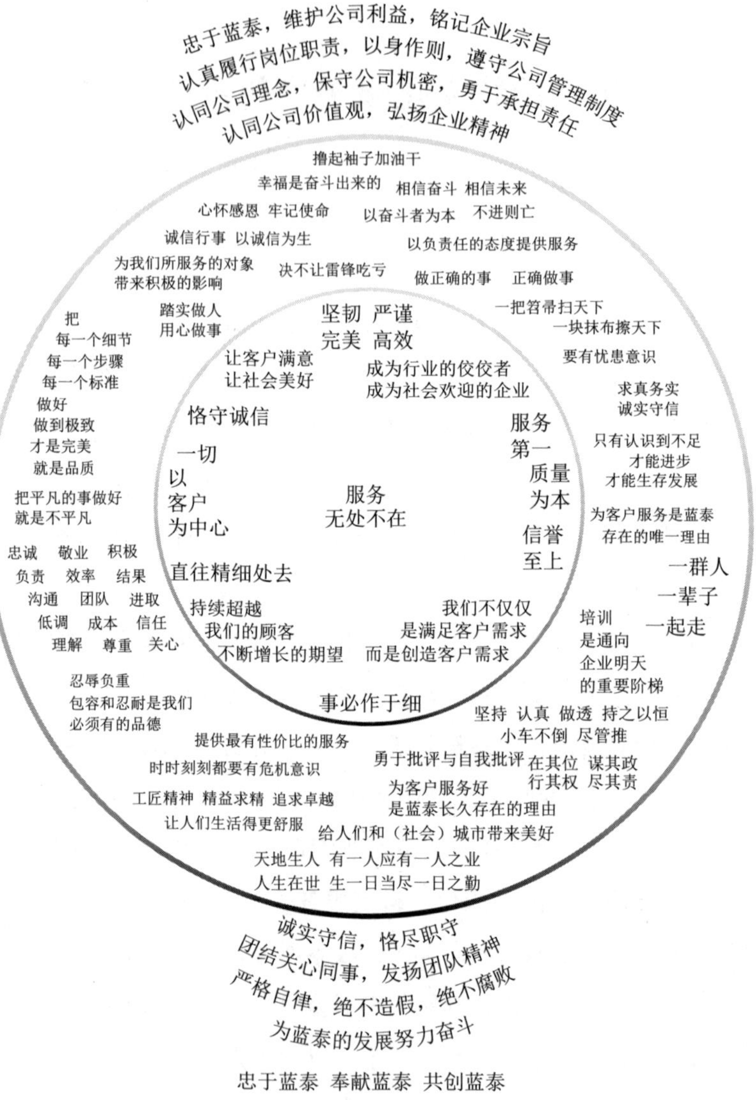

忠于蓝泰，维护公司利益，铭记企业宗旨
认真履行岗位职责，以身作则，遵守公司管理制度
认同公司理念，保守公司机密，勇于承担责任
认同公司价值观，弘扬企业精神

撸起袖子加油干
幸福是奋斗出来的　相信奋斗 相信未来
心怀感恩 牢记使命　以奋斗者为本 不进则亡
诚信行事 以诚信为生　以负责任的态度提供服务
为我们所服务的对象　决不让雷锋吃亏　做正确的事　正确做事
带来积极的影响

把每一个细节　踏实做人　坚韧 严谨　一把笤帚扫天下
每一个步骤　用心做事　完美 高效　一块抹布擦天下
每一个标准　　　让客户满意　成为行业的佼佼者　要有忧患意识
做好　　　　　　让社会美好　成为社会欢迎的企业
做到极致　　　　　　　　　　　　　　　　　　　　求真务实
才是完美　　恪守诚信　　　　　　　　　服务　诚实守信
就是品质　　一切　　　　　　　　　　　第一
　　　　　　以　　　　　服务　　　　　质量　　只有认识到不足
把平凡的事做好　客户　　无处不在　　　为本　才能进步
就是不平凡　　为中心　　　　　　　　　信誉　才能生存发展
　　　　　　　　　　　　　　　　　　　至上　为客户服务是蓝泰
忠诚　敬业　积极　直往精细处去　　　　　　　存在的唯一理由
责任　效率　结果
沟通　团队　进取　持续超越　我们不仅仅　　　一群人
低调　成本　信任　我们的顾客　是满足客户需求　一辈子
理解　尊重　关心　不断增长的期望　而是创造客户需求　一起走

忍辱负重　　　　　　　　　　　　　　　　　　培训
包容和忍耐是我们　　事必作于细　　　　　　　是通向
必须有的品德　　　　　　　　　　　　　　　　企业明天
　　　　　　　　提供最有性价比的服务　　　　的重要阶梯
　　　　　　时时刻刻都要有危机意识　坚持 认真 做透 持之以恒
　　　　　　　　　　勇于批评与自我批评　小车不倒 尽管推
　　　　　　工匠精神 精益求精 追求卓越　为客户服务好　在其位 谋其政
　　　　　　　　让人们生活得更舒服　是蓝泰长久存在的理由　行其权 尽其责
　　　　　　　　　　　给人们和（社会）城市带来美好

天地生人 有一人应有一人之业
人生在世 生一日当尽一日之勤

诚实守信，恪尽职守
团结关心同事，发扬团队精神
严格自律，绝不造假，绝不腐败
为蓝泰的发展努力奋斗

忠于蓝泰 奉献蓝泰 共创蓝泰

图 1　蓝泰的企业文化体系

生一日当尽一日之勤。"这句话出自山西省保德县马家滩村人、义成德商号的创始人张述贤之口。张述贤在经营中，对伙计和家人进行以"重信义，除虚伪，节情欲，敦品行，贵忠诚，鄙利己，奉博爱，喜辛苦"为内容的道德教育，并凝结成治家立业的训导哲言，即："天地生人，有一人应有一人之业；人生在世，生一日当尽一日之勤。业不可废，道为一勤。功不妄练，贵专本业。本业者，置身所托之业也。"正因为有这样的理念精神，义成德商号事业发达，为世人刮目相看（这句话曾被搬上舞台，出现在反映近现代晋商票号波澜壮阔的经营变革的历史话剧《立秋》之中，是剧中丰德票号世代传承的祖训）。蓝泰创始人、董事长邓永红，本身来自晋商昌盛之地平遥，联系自己筚路蓝缕、艰苦创业二十多年的历程和体会，对这一渗透着强烈晋商精神的训言尤有深刻感悟和亲切感。因此，他把这一句话移植到蓝泰的企业文化体系之中，作为自己的座右铭，也作为引导和教育员工的理念圭臬。

二、善建者诚，思远者和

太原一建集团是一个有着70多年历史的企业，从1950年5月成立以来，伴随着中华人民共和国前进的历史步伐，历经从太原市第一建筑工程公司、太原市建筑工程第一分公司、太原市市政工程局第一工程队、太原市建筑安装工程公司，到恢复太原市第一建筑工程公司，到改制为太原市第一建筑工程集团有限公司的历史沿革。目前，太原一建集团是我国住房和城乡建设部审定的房屋建筑工程施工总承包特级、工程设计建筑行业甲级企业，是一个基础扎实、实力雄厚、技术先进的国家级高新技术企业，是一个在行业内声誉显著、业绩骄人的优秀企业。我们认为，究其成功秘诀，主要在于太原一建集团经营思想中蕴含的卓尔不群的核心理念，即以"诚·和"为核心的企业"家"文化。

《道德经》有言："善建者不拔，善抱者不脱……"也许是一建人钟情于"建"，又慕此哲言的深刻教义，所以创造性地古为今用，提出了"善建者诚，思远者和"的核心价值观。

　　应该说，"善建者诚，思远者和"的核心价值观，是一建人在"家"文化建设的大战略思维基础之上提出的。太原一建集团党委书记、董事长王贵聪，早在企业转制之初就从战略高度思考如何把企业做大做强做久。他认为，从管理的角度看，企业发展有三个层次或者说三个阶段。第一个层次是企业家治理阶段，第二个层次是制度治理阶段，而第三个层次亦即最高的层次是文化治理企业的阶段。正是有这样的远见和认知，王贵聪把企业文化建设置于企业战略管理的最高位置。经过多年的实践思考和总结提升，太原一建集团提炼出了"进了一建门，就是一家人"的特色鲜明的企业"家"文化。

三、卖茶叶，三分雅

　　在太原地标性的商业文化街钟楼街的西口，坐落着一个古朴典雅的茶庄，它就是有着一百多年历史的中华老字号企业乾和祥。

　　乾和祥的核心价值观之一是"卖茶叶，三分雅"。一般来说，这是从事茶叶生意者遵循的古训。为什么说"卖茶叶，三分雅"？我们认为，这是因为在传统文化中，"茶是圣洁之物"的观念根深蒂固，尤其是在宗教和草原文化里，认为茶有着最为圣洁的本质，一身正气，没有滋生贪欲的负能量。著名蒙古族学者和佛学大师阿旺丹德尔（1759—1840年）在他的茶经中写道："茶是百祭之首、圣洁之最。"（见张维东主编《晋中茶商与万里茶道》中的《驼道驼茶》一文，作者：当代）再加上茶的药用价值以及解燥平矜、怡情悦性的功能，茶被人们奉为神圣的、高雅的、无邪的商品，正因为如此，销售茶叶就天然是一件优雅的事情。乾和祥是万里茶道上的一个百年茶庄，经营各种茶叶，尤以茉莉花茶为主打商品。一个多世纪以来，乾和祥秉持从业古训，不图买卖暴利，但求三分雅致。在乾和祥，至今仍较好地保存着一个已过百岁的柳木茶叶贮藏箱，柳木箱木质软、无异味，是上好的贮存茉莉花茶的器物。保存这样的老物件，旨在向世人展示其当年主人的欣赏水平和不俗不凡的雅致做派。现在的乾和祥依旧保持着老祖宗流传下来的优雅风范，主要表现在：门橱店面装饰典雅，店内陈设布置清雅，员工待人接物高雅。尤其是桃园诗社乾和祥茶庄采风活动和以诗词为内容设计的墙壁文化，使整个乾和祥渗透着茶的香，和拌着诗的美，充盈着品茶赏诗的雅。乾和祥用勤奋、诚信和谦让做底牌，用熏窖、融萃、龙团和凤髓做口碑，集三分雅致，纳五行之灵，真乃"业经百载诚为本，雅注三分信作纲"。

四、开多大的门面，做多大的生意

在历史悠久、文化厚重，素有"三贤故里、慈孝之都"之称的介休市，有一个集煤炭、旅游、房地产、金融、发电、陶瓷、医疗等于一体的综合型集团企业——山西凯嘉能源集团有限公司（以下简称凯嘉）。这个企业，不仅经济效益好，而且发展势头足；不仅经营实力雄厚，而且企业文化昌盛。

在《凯嘉集团志》中，有山西著名作家韩石山写的序言。韩先生在序言中饶有兴趣地谈及一件往事，即："多年前采访过张颔先生，他的一句话，让我很感兴趣。说到在樊城当学徒时，他说：'开多大的门面，做多大的生意。'"韩先生还写道："……这只是一时的联想，想过也就撂过，引起我更多遐想的，是这样一个瘦削的年轻人（当年肯定是个年轻人），如何在煤矿企业普遍不景气的当年，引领全体员工，度过那个艰窘时期，又在那个极度辉煌的时期，没有迷失了方向，稳健地前行着，也稳健地扩充着，终于成就了今天这样庞大的集团公司，终于成就了今天这样辉煌的事业。"

我们认为，韩先生在一本企业志的序言中引用张颔老先生的话，其意其味值得咂摸细品。简单地说，旨在引出对凯嘉及其掌门人路斗恒的评说；往深里想，就是把凯嘉的企业文化与企业家精神比作企业的"门面"，有这样的"门面"才能成就那样宏大的事业，才能支撑起凯嘉厚重而广博的"生意"。

《凯嘉企业文化总纲》总结说，凯嘉的企业文化是对集团创业60多年风雨历程中的精神积淀的回溯与深刻思考，是对未来的美好展望和追求，是对昨天成功的高度凝练，是对明天的战略把握和构想。《凯嘉企业文化总纲》分析到，凯嘉文化源于让家国更温暖的责任意识，凯嘉文化兴于持续改进、革故鼎新的创新意识，凯嘉文化成于创造价值的效益意识，凯嘉文化盛于以人为本、守信重义、合作共赢的意识。

凯嘉的企业文化体系如图2所示，是由企业文化主旨和"四梁八柱"组成的。企业文化主旨是"家"文化，核心是凯嘉五训"忠、义、仁、勇、和"，即对企以忠，待人以义，处世以仁，任事以勇，和谐共成。"四梁八柱"的架构，撑起企业之家。

图2 凯嘉的企业文化体系

五、走在不断升维的路上

在山西，有一个名为山西九维时空企业管理股份有限公司（以下简称九维时空）的企业。历经十年的供应链整合，现有40多个遍布全国的产品直供基地，有13个大类1500多个单品，打造了一个一站式采购与体验的安全健康饮食平台企业。九维时空的十年坚持，初步构筑了支撑企业形成核心竞争力的三大支柱：形成了原生态食材饮品供应链体系，尤其是动植物品种资源保护稳步发展；有较大盈利能力与竞争力的快消品矩阵已经形成，且正在向集群发展；已有近2万个高度认可、深度参与九维时空的"消费合作社成员"。2024年6月7日，九维时空母公司成功挂牌上海股权托管交易中心（公司简称：九维时空；股权代码：212673），这无疑是九维时空发展史上的一个重要里程碑。

九维时空之所以能取得如此令人瞩目的成就，最为根本的原因是其经营管理的指导思想中贯穿着中华优秀传统文化的理念。首先，其确立了以人生关怀为终极目标的企业使命，这是人本思想在现代管理中的具体体现。其次，倡导"九维文化"，即：真实、朴实、平实；品质、品位、品尚；财富、健康、快乐。其中蕴含着自然和谐、返璞归真的人文精神。再次，汲取"天人合一""人法地，地法天，天法道，道法自然"的古人智慧，把九维时空选品标准确定为"8零+1"，即零农药、零化肥、零激素、零抗生素、零转基因、零除草剂、零有害添加、零有害处理，加上传统老品种、老技艺，并一以贯之。最后，不论是供应链整合，还是线下体验店建设，始终谨遵"己所不欲，勿施于人"的古训，一丝不苟地为客户提供本真饮食和原料。

我们认为，九维时空冠名"九维"，意在追求极致、久远和吉祥，其必将是一个走在不断升维路上的、有价值的企业。

当代晋商是一个活跃在各条战线的庞大群体，根植于三晋大地丰厚的文化沃土，其通过孜孜不倦的耕耘，一定还会产生更多的思想文化硕果。由于调查研究时间比较短，加之我们的研究能力和认知水平有限，列举以上典型案例必定是挂一漏万，但愿这些典型案例能有启发读者的作用。

（执笔人：谢振芳、谢若琪）

异彩纷呈的老字号企业博物馆

山西自古便是重要商埠和物产集散地,史料称晋人自古善商。因此,山西拥有众多的如同其煤炭资源一样丰富而宝贵的老字号企业。这些老字号,经受了岁月的洗礼和磨砺,凝结了先人的智慧和心血,代表的不仅仅是一种传统的技艺或产品,更是一种深厚的历史积淀和深沉的文化蕴藉,可谓中华优秀传统文化的"活文物"。为了充分展现老字号承载的中华优秀传统文化与先天的社会品牌影响,山西老字号企业建立了为数众多的企业博物馆,仿佛一颗颗散落在人世间的璀璨明珠,异彩纷呈,灿烂夺目。

一、汾酒博物馆

汾酒博物馆坐落于山西杏花村汾酒集团厂内。1976年,汾酒厂的领导人萌发了建立酒史博物馆的想法;1984年,博物馆的筹备工作启动,开始收集整理汾酒文史资料并征集藏品;1992年,"山西杏花村汾酒厂展览馆"正式对外开放,后来更名为"汾酒博物馆";2007年,新馆扩建竣工。该馆由汾酒集团建立并运营,是中国第一家白酒专题博物馆,也是馆藏最丰富的酒类专题博物馆之一。2008年,汾酒博物馆被评定为首家国家级酒文化学术活动示范基地。

汾酒的故事跨越6000年,深邃而厚重。汾酒作为极具文化底蕴和历史积淀的中国白酒,在中国酒文化史中占据重要的地位。作为汾酒文化的传承之地,汾酒博物馆以专题展示、场景复原和多感官体验等形式，系统全面地展现了源远流长的汾酒文化。

新馆展厅面积为4000平方米，设有千秋佳酿、晋商酒韵、竹叶青青、清香独帜、杏林墨缘、酒都瑞爵、天工妙手、酒海沐歌、异彩纷呈等九个展厅，全面展示了汾酒数千年来的发展历程。

千秋佳酿展厅中最具代表性的馆藏酒器当属1982年在杏花村遗址发现的小口尖底瓮，这也是我国迄今最早的酿酒器具。小口尖底瓮被专家考证为"酒"字的起源，甲骨文中的"酒"字就是从小口尖底瓮象形演化而来。

杏林墨缘展厅是汾酒博物馆中最具诗情画意的地方，收藏了1000多件书画作品，包括赵朴初、关山月、十世班禅、爱新觉罗·溥杰等各界名流的作品。在这里，可以透过一幅幅书画作品，于笔触墨韵之中感受独属于汾酒的文化意蕴。

在酒都瑞爵展厅，可以看到从仰韶文化时期到民国时期的1200多件精美绝伦的酒器酒具。其中大部分酒器酒具是由汾酒人在征集博物馆藏品时用汾酒交换而来的，征集范围从杏花村周边扩展至汾阳及周边地区。

天工妙手展厅里有一座仿明清时期的汾酒酿造作坊，以场景再现的方式，呈现汾酒的传统酿造现场。古老的祭祀礼仪，发酵、蒸馏、贮陈、勾兑、成装等酿造流程，一一呈现在游客的眼前。2006年，"杏花村汾酒酿制技艺"成功入选首批国家非物质文化遗产。

来到汾酒博物馆，享受的不仅是一场视觉的盛宴，一场现在与过去的对话，更是一次味蕾的放肆激荡。在品酒台，可以细细品味汾酒的清香。而在醉酒小屋，还能够感受醉酒后的状态，对于滴酒不沾的人来说，感受一次上头绝对是一次新奇的体验。

二、临汾北方紫砂陶博物馆

临汾北方紫砂陶博物馆，位于山西省临汾市乡宁县职业中学实训楼3号楼D区一层，占地210平方米。其由山西金砂紫陶股份有限公司与乡宁县职业中学联合建立，是山西省唯一的一个紫砂陶博物馆，它的建成填补了山西紫砂陶博物馆的空白。

博物馆的登记发证机关是临汾市行政审批服务管理局，登记注册时间为2022年2月23日，业务主管单位是临汾市文物局，2022年5月5日山西省文物局同意备案。博物馆属于民办非企业单位。博物馆的业务范围主要有藏品收藏保护、陈列展览策划、学术研究交流、社会教育传承等。博物馆坚持挖掘和保护紫砂陶文化，弘扬和传承紫砂陶传统文化，推动紫砂陶文化艺术发展，为乡宁紫砂产业发展提供强大动力。博物馆遵守宪法、法律、法规和国家政策，遵守社会道德规范，信守博物馆职业道德，提供诚信服务。

2023年先后建起了两个分馆，一个是朔州陶瓷职业技术学院乡宁紫砂馆，另一个是紫砂陶小镇的乡宁紫砂"牖见·牖见斋"陈列馆。

博物馆现有藏品1700余件，种类丰富，有陶器、陶罐、陶片，瓷器、瓷罐、瓷片，以及紫砂壶、紫砂杯、紫砂花盆等紫砂系列产品。从年代看，有仰韶文化时期的，有汉朝的，有宋、元、明、清、民国以及20世纪七八十年代以后的，等等。紫砂器具有花盆、花瓶、蒸汽锅、脸谱、茶具等。从造型看，紫砂产品的光器、花器与筋纹器三大类在博物馆内都有收藏。每一个陶瓷罐、每一个紫砂壶都是一部上下求索、艰苦奋斗的创业史，更是一部饱含历史沧桑的文化史。

三、三晋醋苑醋文化展馆

三晋醋苑醋文化展馆，位于紫林醋工业园内（山西省清徐县太茅路高花段 550 号），是由山西紫林醋业股份有限公司于 2017 年 9 月 27 日正式建设完成的一个主题展览馆，全馆建筑面积 3000 平方米。

展区分布：三晋醋苑醋文化展馆由序厅、世界醋史展厅、贯中堂、紫林印象展厅、醋立方养生体验区五部分精彩篇章组成。在展馆中，能够领略新旧晋商的一脉相承，感受山西人独有的"厚道传奇"，深入了解醋的历史文化、清徐罗氏与罗贯中文化、紫林醋业发展史及企业精神理念、醋在生活中的作用及应用。

其中，最为震撼人心的是三晋醋苑醋文化展馆序厅的晋商醋魂大型浮雕。整体浮雕长 17.28 米，宽 3.85 米。浮雕的内容以清代山西老陈醋的传统制作工艺"蒸、酵、熏、淋、陈"为核心，展现在当时山西老陈醋制作过程中的十四个场景，即精选五粮、原料去杂、粉碎原料、制作大曲、入甑蒸料、拌醅入缸、低温酒酵、高温醋化、地火熏醅、折清细淋、数九捞冰、夏伏曝晒、澄清入篓、佳酿进贡。

序厅两侧的四幅小型浮雕，分别以晋商的盐业、茶道、会馆、票号展现心作良田、信撼九州、义得四海、汇通天下的晋商理念和精神。

展厅门口两侧有八幅国画，这些作品以时代为序，以汉朝、东晋、南北朝、唐朝、宋朝、元朝、明朝、清朝著名医学家相关著作中关于醋的论述为主题，由山西知名的青年画家创作而成。

最有教育意义的是世界醋史展厅，展示了世界上食醋的主要分类，一类是以中国为代表的东方食醋（谷物醋），另一类是以西方为代表的果醋。世界名醋的展示，涵盖了 19 个国家 47 个品种。中国醋史讲述了"自古酿醋数山西，追根溯源在清徐"的历史，同时展有中国工业微生物学奠基人方心芳的《山西醋》一书及其论述、1915 年清源产"山西老陈醋"获得巴拿马国际博览会优质商品一等奖的奖牌复制品等。

清徐素有"贯中故里"之称，贯中堂以清徐罗氏家族为主线，反映了清徐罗氏的历史与传承，集中展示了清徐罗氏第七代、文坛巨匠罗贯中的相关作品及对中国文学史的影响，以及《三国演义》《水浒传》中与清徐、清徐醋相关内容的历史研究。一千多年来，清徐罗氏秉承惟耕与读、忠厚传家、诗礼为教、积德累仁的祖训与家风，创造了辉煌的历史，积淀了深厚的文化底蕴。

紫林印象展厅主要展示的是公司荣誉、紫林由来和紫林文化，并用非物质文化遗产泥塑的方式将老陈醋的传统工艺展现了出来。其中展示的老物件如下。世界最大的醋篓子：这是现存最大、最完整的醋篓子，高1.1米、长1.3米、宽1米，以藤条编织做面，里面用猪血混合石灰和纸浆抹面以防止渗漏，可贮存醋约500千克；陶制淋醋缸：这是旧时在制醋工艺中，淋醋时用于盛放醋糟的容器，在缸的下面钻有一个直径为2厘米的孔，安上长10～20厘米的竹筒，筒口塞以清洁的纱布或麻布，醋从筒口流出；铁甑：甑是明清时的蒸制用具，为甗（yǎn）的上半部分，与鬲通过镂空的箅相连，用来放置制醋的原料，利用鬲中的蒸汽将甑中的食物或原料蒸熟。

紫林醋业和山西中医药大学合作成立"醋与健康研究中心"，研制出减肥活血降脂洗浴醋、治疗预防脚气泡脚醋、缓解疲劳醋、热敷袋和熏蒸醋等，并且获得专利保护。在醋立方养生体验区，可以体验醋基养生产品。同时，墙壁上展示有历代著名医学家相关著作中关于醋的论述。

四、八义窑红绿彩博物馆

八义窑红绿彩博物馆位于山西省长治市上党区八义镇红绿彩村，由长治八义窑红绿彩陶瓷文化有限公司投资建设，2014年5月建成并开始试运行，2020年8月在民政部门注册登记，2020年12月通过山西省文物局备案确认，属民办非企业单位。2022年以来，为了建设高标准的博物馆，公司又投资1000余万元，对原博物馆进行了扩建改造和设计装修，总面积达到1800余平方米。

该博物馆以收藏和展示宋金时期的红绿彩瓷器为主，目前收藏的历史产品有500余件，包括各种碗、盘、罐、人物塑像、瓷枕等。博物馆集展示、研学和体验等于一体，包括彩瓷的发展史、古代红绿彩瓷器展、现代红绿彩产品展、研学实践体验室、红绿彩精品展销等五个展区。

八义窑红绿彩博物馆常年免费开放，积极发挥宣传教育作用，年接待机关单位、企业、学校和社会的参观学习人员超过3万人次，并通过网络宣传中国彩瓷的悠久历史和价值，成为省、市级社科普及宣传教育基地，传承了中华优秀传统文化，扩大了博物馆的社会效应。

五、大同市味醋文化博物馆

大同市味醋文化博物馆是晋北地区首个以醋文化为主题的博物馆，位于大同市云冈石窟景区商业街10号。全馆以序厅、醋史馆、传统技艺展示馆和体验馆四个单元进行布展，集刘老醯儿老字号传承史展示、非遗技艺展示、科普教育、活化利用等功能于一体，全面展示醋文化、解读醋文化。

全馆以实物藏品为主，辅以场景、模型、视频等手段（声、光、电等形式）。序厅以代表酿醋工艺的黑釉瓷缸制成立体艺术墙，其厚重的质地、沉稳的色调可以体现出山西醋文化悠久的历史，共陈列藏品6件；醋史馆展示醋的发展史，包括农耕工具、参考史料等，共陈列藏品60件；传统技艺展示馆主要通过原料种植工具、酿醋工具、成品容器等实物来展现大同味醋传统技艺，共陈列藏品255件；体验馆主要开展

DIY 项目体验，参观者可以在此感受传统文化带来的乐趣，是人们体验非遗技艺的重要渠道，共陈列藏品 12 件。馆内藏品共计 333 件，其中三级文物 1 套（8 件），一般文物 35 套/件。

六、大同市广盛原中医药文化博物馆

大同市广盛原中医药文化博物馆筹建于 2020 年 6 月，由广盛原中医药有限公司出资，在大同古城内鼓楼东街一处占地面积 2000 平方米的明清时期三进三出四合院内建设，博物馆建筑面积 1000 多平方米。2023 年 7 月，大同市广盛原中医药文化博物馆正式在山西省文物局备案。

博物馆利用了正门中厅、西院临街房屋、西一进院、西二进院、中二进院及中央回形厅等几个院落及院内房屋，并将原露天院落改造为钢结构玻璃顶，增加室内使用面积。正门中厅东半部分为接待及讲解处，西部复原广盛原 2023 年 1 月—7 月在中国国家博物馆参加"智慧之光——中医药文化展"时的展厅原貌，其余按中医药文化"精、气、神"分三个展区进行陈列布展。展品包括医药典籍、中医药用品、传统及现代中药藏品以及包装等，同时利用声、光、电等现代方式进行立体式宣讲。院落其他位置分别为与博物馆相呼应的中医药文化主题民宿、中医门诊部。

馆内现有藏品 305 件，其中三级文物 1 件、普通文物 7 件，藏品来自广盛原中医药有限公司原收藏及民间征集、捐赠、收购，主要与中医药文化及历史相关。馆内陈列以中医药三世医学为主题，让参观群众了解中医药发展历史、中医药文化及大同中医药历史。2023 年，馆内接待参观人员共计约 1.5 万人次，其中本地人员约 8000 人次。

2022 年起，广盛原中医药文化博物馆与全国中小学生研学实践教育大同营地合作共建研学基地。2023年，在国家中医药管理局的指导下，中国国家博物馆与国家中医药博物馆共同举办"智慧之光——中医药文化展"，广盛原中医药文化博物馆提供30余件（套）藏品参加，该展览受到社会各界的好评，接待观众70多万人次，取得了良好的社会效益。

七、山西中医药博物馆

山西中医药博物馆，位于晋中市太谷区龟龄山庄1号，是经山西省文物局、山西省民政厅审核批准成立的专业性博物馆。该博物馆是一家专业化的、为社会发展服务的、公开的永久性机构，于2012年3月建成首馆并正式面向社会开放。馆藏文物有3000余件，涵盖中医药古籍、书刊、中药标本、制药器械、图片等多个类别。

山西中医药博物馆是博大精深的中医药学和中医药文化的缩影，反映了五千年来中医药学发展的重要史实和主要成就，对中医史教学、普及中医科学知识、促进中外医学交流具有重要作用。山西中医药博物馆被授予山西省科普基地、山西省中医药文化宣传教育基地、山西农业大学教学实习基地、晋中市中小学生研学实践教育基地、省级中小学生研学实践教育示范基地、全国中医药文化宣传教育基地等称号。

山西中医药博物馆实物馆包括中医药史综合区、中药标本区、山西中医药特色技艺展示区、山西历代名医名药区和颐圣堂老药铺。此外，通过不断引进和推出内容丰富、形式多样的临时展览，向公众全面地展示与传播山西中医药文化，打造专业的文化平台，在群众中普及中医药文化知识，营造了良好的中医药文化氛围。

中医药史综合区的展品和展示项目有"神农"根雕、"精气神"浮雕，历代有名医家扁鹊、华佗、张仲景、李时珍的介绍及有关的手写名著《千金翼方》《本草纲目》《伤寒论集注》等，以及医事活动泥塑、针灸雕塑小人、按摩点穴雕像，还有中华药典触摸屏、中药标本趣味习作展示等。

中药标本区收藏中药标本、中成药和饮片3000多种以及中医药制作工具上千件，是介绍中药形态、功效，科普中药科学知识以及开展中药学教学、科研、对外交流的平台。其中有许多珍贵药材是大家很少能见到的，比如冬虫夏草、野山参、高丽参、燕窝、鹿茸、三七、羚羊角、西红花、百年甘草、百年黄芪、虎骨、灵芝、穿山甲、梅花鹿、玳瑁、金枪鱼、鹞子、犀牛角、马宝、珍珠、牛黄、龙骨等。

山西中医药特色技艺展示区以龟龄集制作工艺为主线，再现了传统制药工艺，展示了不同药材所用的不同的炮制方法和煮、熏、爆、土埋、露夜等工序，体现了中药炮制的哲学内涵和博大精深。

山西历代名医名药区介绍了山西的名医名药（名店）。民医有古代的巢元方、傅山及近代山西四大名医韩玉辉、白清佐、萧通吾、李翰卿等。名药（名店）有和合二仙丸（大宁堂）、小儿葫芦散（太原中药厂）、定坤丹、龟龄集、晋临三宝丹、七珍丹、梅花点舌丹（新绛中药厂）、舒筋散（太原中药厂）、丁桂儿脐贴、补肾两助丸（大宁堂）、牛黄清心丸（颐圣堂）。

颐圣堂老药铺重现了以颐圣堂为代表的老药铺的风貌，展现了山西中医药的辉煌历史。颐圣堂于1698年由名医杨秉忠创办，他行医治病，虔诚制药，促进了太谷60多家中医药商家的快速发展，以至于许多晋商投资经营中药材，形成了山西昔日之"药都"。颐圣堂经历过辉煌，也因为捐粮救灾而大伤元气，但也成就了颐圣堂的一段佳话而被载入史册。

八、宝源老醋坊

宝源老醋坊创立于 1428 年，位于山西省太原市清徐县孟封镇杨房北醋都路 288 号，是清徐县老陈醋的生产基地。

宝源老醋坊十分重视醋文化的传承与弘扬，经过多年的努力，收藏了历朝历代的醋坛、醋罐、珠算算盘、大小木杆秤（计量器）、古粮斗（计量器）、醋篓、醋扁数万个，还有各种与民俗文化有关的物品用具万余件。

恢复、重建的宝源老醋坊包括以下五个部分。

第一部分为老陈醋工艺展示区，包括原料间、碾磨间、蒸料间、酒醅间、醋醅间、熏醅间、淋滤间、陈酿间。

第二部分为农耕文化展示区，包括：仰韶文化、龙山文化；封建帝王时期文化；汾河流域独特的环境（沙盘展示）；春耕、夏耘、秋收、冬藏。

第三部分为醋文化展示区，包括部分有关醋的书籍、尧帝像、食醋用途、晋商用醋、进贡皇家御醋。

第四部分为器皿器具展示区，包括：醋坛、醋壶、醋缸、醋扁、醋葫芦等古代盛醋器皿；醋车、独轮车等古代运醋工具；各朝各代购买醋所用的钱币。

第五部分为展品展示零售区。

自恢复、重建以来，宝源老醋坊在非遗工艺体验游、醋文化展示、旅游产业化发展、文创产品创新发展等方面进行了大量实践，做出了有益探索，取得了显著效益。主要是：以体验促品牌，让品牌触动人心；以协同促发展，让合作提升效益；以创新促提升，让新品驱动成长；以文化促消费，让文创产生效益。

九、大宁堂傅山中医药文化博物馆

大宁堂重视文化传承，建有大宁堂傅山中医药文化博物馆。该馆坐落于太原市晋源区新晋祠路太原古县城东街，占地面积3000平方米，包括序厅、休闲文创、傅山坐堂、大宁堂四百年大事记、医圣祠、傅山艺术、大宁堂秘药馆、中药文化体验馆、中医文化体验馆、傅山书房、傅山雅居、傅山会客厅、大宁堂百宝馆、万店传承展示中心、大宁堂中药精品馆、大宁堂药店等20个展示厅。依托大宁堂深厚的历史文化底蕴，大宁堂傅山中医药文化博物馆不仅有助于百年中医药老号的复兴，而且有助于非物质文化遗产的保护、创新和旅游附加值的提升。

收藏于大宁堂傅山中医药文化博物馆、具有历史价值的重要实物（手稿、书籍）包括：清康熙年间的《处方集》与1868年的《傅氏女科》、1879年的《傅氏男科》，这些为珍贵文物；《傅山女科》与《青主先生手著女科全集》《太原傅山篆书》，这些为一般文物。

十、乾和祥茶·类博物馆

2024年9月28日，位于太原市钟楼街的乾和祥茶·类博物馆举行了隆重的开馆仪式。该博物馆是山西省首家茶文化类博物馆，整体布局于乾和祥茶庄后院，占地面积200平方米，包括实物展陈区、多媒体展示区、互动屏展示区和茶样展示区。博物馆展出文物60余件，茶叶样品50个。采用多媒体方式展示乾和祥的发展历程，并进行中华茶文化宣传。以互动屏的方式展示乾和祥省级非遗项目茉莉花茶融萃（拼配）技艺、市级非遗项目斗型包装。通过网络与生产基地连接，24小时实时监控茶叶的生长环境和种植采摘过程。在乾和祥茶庄，全员参与博物馆的讲解工作。

博物馆收藏的重要实物包括民国手绘店面图、十六两青铜秤盘、印有美女图的马口铁茶桶、民国时期的手执茶壶、1950年座商登记表、存放茶叶的柳木箱、慈禧赐予的书有"陆羽赞美"的桃木古镜等。

总之，企业博物馆是企业历史的辑录者和展示场所，也是企业文化的集成者与传承平台，还是相关知识的传播者和教育园地。从分类来看，企业博物馆多属于类博物馆，亦即专注于特定主题与企业主体的博物馆。从实践发展来看，作为一座连接过去、现在和未来的历史文化殿堂，企业博物馆在凝聚社会力量、促进企业交流、激发创新能力、生成经济资源等诸多方面有着重要的价值和作用。截至2024年，山西省省级以上老字号企业共有88家，其中，中华老字号37家，三晋老字号51家。我们选择上述10个企业博物馆予以简单介绍，旨在窥斑见豹地反映老字号企业博物馆的建设布局和工作运转情况，同时也期望提供一个从企业博物馆管窥老字号企业的新视角。由于时间仓促和才识有限，我们搜集整理的代表性资料难免在广度和深度上都存在不足，敬请读者批评指正。

（执笔人：刘丽媛、谢振芳）

企业篇

百年老字号，一品六味斋

——解码六味斋新晋商文化基因

一、六味斋简介及历史沿革

太原六味斋实业有限公司（以下简称六味斋），前身为1738年创立于北京的"福记酱肘鸡鸭店"，迄今有近300年史承，是一个拥有肉制品、豆制品、烘焙食品、速冻食品、主食、杂粮制品和相关产业的现代化集团公司，也是一个在太原家喻户晓，在山西闻名遐迩，在全国尤其是在食品行业名列前茅的老字号企业。

六味斋的历史沿革可以概括为四个阶段，即基业初创阶段（1738—1948年）、调整发展阶段（1949—1994年）、提升创新阶段（1995—2011年）和高质量发展阶段（2012年至今）。虽然时间漫长，但几个重要的史事和扛鼎式人物，如同一串闪光亮点，清晰勾勒出六味斋的整个历史脉络。

一是创始人与发祥地。1738年，山西酱肘花传人刘德山与山东掖县人刘凤翔，在北京西单牌楼附近开设了一家专营熟肉制品的"福记酱肘鸡鸭店"，此为六味斋之滥觞。

二是盛荣广与"缠捆卷镇（缯）"技艺。1915年，13岁的盛荣广在"福记酱肘鸡鸭店"学艺，习得"缠捆卷镇（缯）"技艺。盛荣广与其胞弟盛荣铎被尊为六味斋技艺的开山鼻祖。

三是回归故里、归宗太原与两代技艺传人。1938年，盛荣广同叔叔盛展清、胞弟盛荣铎，带领三名徒弟来到太原，选址在达达巷17号，以"福记六味斋酱肘鸡鸭店"为名，开设了太原市第一家专营熟肉制品的店铺，同时盛荣广出任第一任掌柜。这时，第二代传人盛启仁、夏芳兰进入店铺学艺。六味斋甫一开业，其风味独特的酱肉、香肠、小肚等熟肉制品，便以肥而不腻、瘦而不柴、淡而有味、鲜嫩可口而闻名三晋大地，成为龙城百姓首选的熟肉制品。"杏花村里老白汾，太原城内六味斋"的佳话就是从20世纪三四十年代流传至今的。

四是正式更名为"六味斋"与宋银如进店工作。1949年，太原解放，六味斋获准营业。1956年，在完成社会主义改造后，正式更名为"六味斋酱肉店"。同年，宋银如进入六味斋，成为六味斋酱肉传统制作技艺第三代传人陈景川的关门弟子。

五是六味斋历史上两个杰出的女性代表李丽、阎继红。她们是给六味斋带来荣誉、注入活力的翘楚。1982年，李丽挂出"三号营业员李丽不开后门，不缺斤短两，请顾客监督"的牌子，立即在社会上引起极大反响，一场"学李丽，树新风"的活动在全国迅速展开；同时，在六味斋也构筑了以"三个热乎乎"为内容的李丽精神，至今仍是六味斋精神谱系的重要组成部分。1988年阎继红被任命为六味斋酱肉店柳巷门市部主任，1995年阎继红出任太原六味斋肉制品厂党支部书记、厂长，她从此走上了企业领导岗位，成了六味斋新的掌门人。这是六味斋发展历史上值得铭记的大事件。时代呼唤精英，企业渴求能人。在1997年的改制中，太原六味斋实业有限公司正式成立，阎继红任董事长兼总经理，这是六味斋发展史上的一个重要里程碑。

六是锐意改革、创新奋进的十四年。1997—2011年，这一阶段是六味斋擦亮底色、重树形象、规范经营、战略创新、整体提升的十四年，也是六味斋体制改革、机制变革和经营模式创新力度最大，进而收

企业篇

获最多、发展最快的十四年。这一阶段的主要做法、业绩和荣誉如图1所示。

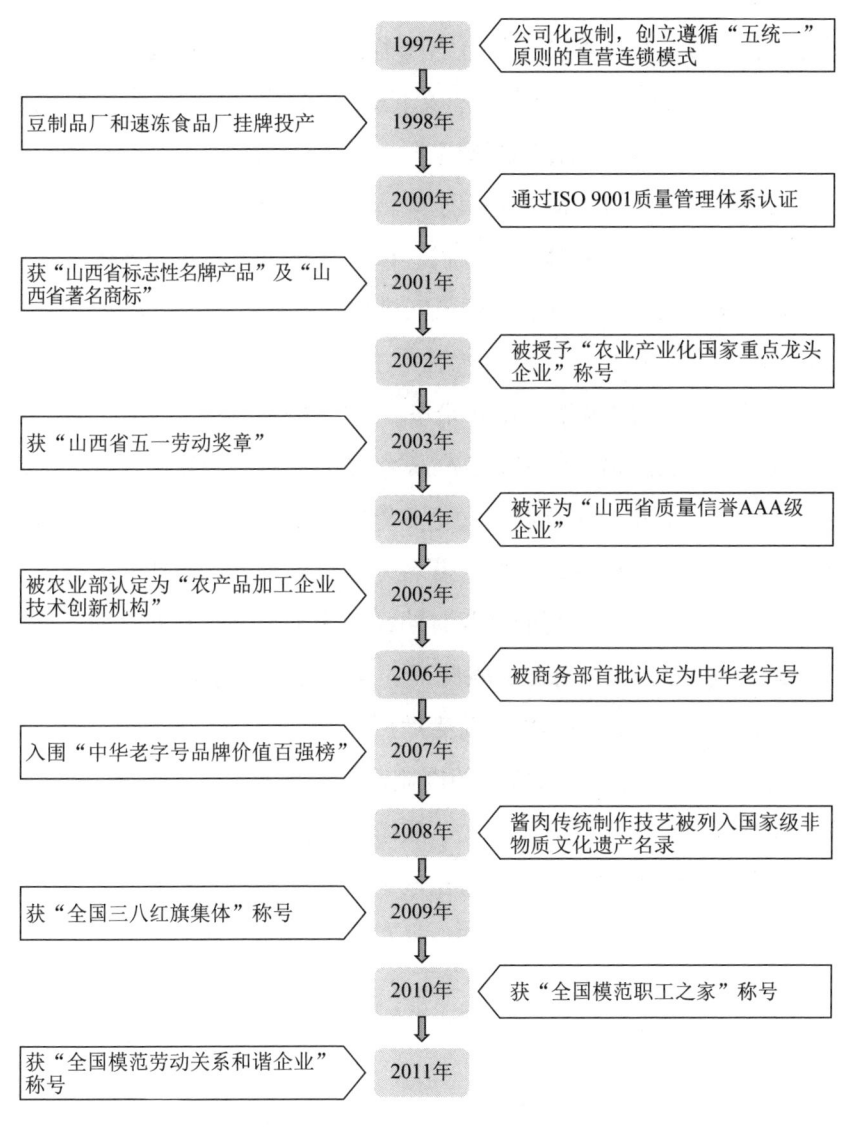

1997年		公司化改制，创立遵循"五统一"原则的直营连锁模式
1998年	豆制品厂和速冻食品厂挂牌投产	
2000年		通过ISO 9001质量管理体系认证
2001年	获"山西省标志性名牌产品"及"山西省著名商标"	
2002年		被授予"农业产业化国家重点龙头企业"称号
2003年	获"山西省五一劳动奖章"	
2004年		被评为"山西省质量信誉AAA级企业"
2005年	被农业部认定为"农产品加工企业技术创新机构"	
2006年		被商务部首批认定为中华老字号
2007年	入围"中华老字号品牌价值百强榜"	
2008年		酱肉传统制作技艺被列入国家级非物质文化遗产名录
2009年	获"全国三八红旗集体"称号	
2010年		获"全国模范职工之家"称号
2011年	获"全国模范劳动关系和谐企业"称号	

图1 1997—2011年六味斋发展历程

59

七是迈入高质量发展的新时代。2012—2014年，六味斋清徐食品工业园一期工程建设完工并投入使用。园内建有五个不同类型的现代化生产加工厂区：肉制品加工厂、主食加工厂、豆制品加工厂、中央厨房和包装食品厂。配套建设有六味斋云梦坞文化产业园、现代化生活设施、办公设施、科研中心、文化娱乐场所、六味斋历史文化博物馆、六味书斋等，致力于打造全国一流的集文化、生产、科研、销售、物流、项目引进、旅游度假于一体的低温肉制品生产基地和豆制品、主副食综合加工基地。可以讲，以此为标志，六味斋整体迈入了高质量发展的新时代，开启了腾飞跃进的新征程。2012—2024年六味斋大事记如图2所示。

显然，如今的六味斋，洗尽铅华，集中国驰名商标、中华老字号、国家级非物质文化遗产、国家AAAA级旅游景区、国家工业旅游示范基地、农业产业化国家重点龙头企业等国家级荣誉称号于一身，是成就卓著、名高誉重的业内翘楚。著名方志学家王继祖概括六味斋发展史时，称其"产生于晋商的崛起时期，相承于国家的发展时期，再生于国家的改革开放"。总之，六味斋，从太原到北京再到太原，从姓私到姓公到姓众，从小作坊到前店后厂到农工贸一体化、研产销一条龙的现代化企业集团，从单一的肉制品经营到种植养殖、制造加工、商业连锁、餐饮服务、科研开发、旅游文化等多业并举，从市井有口皆碑的酱肉传统制作技艺到享誉全国的国家级非物质文化遗产，历经了近300年风云激荡、岁月更迭，书写了一部励精图治、勇毅前行的壮丽诗篇。

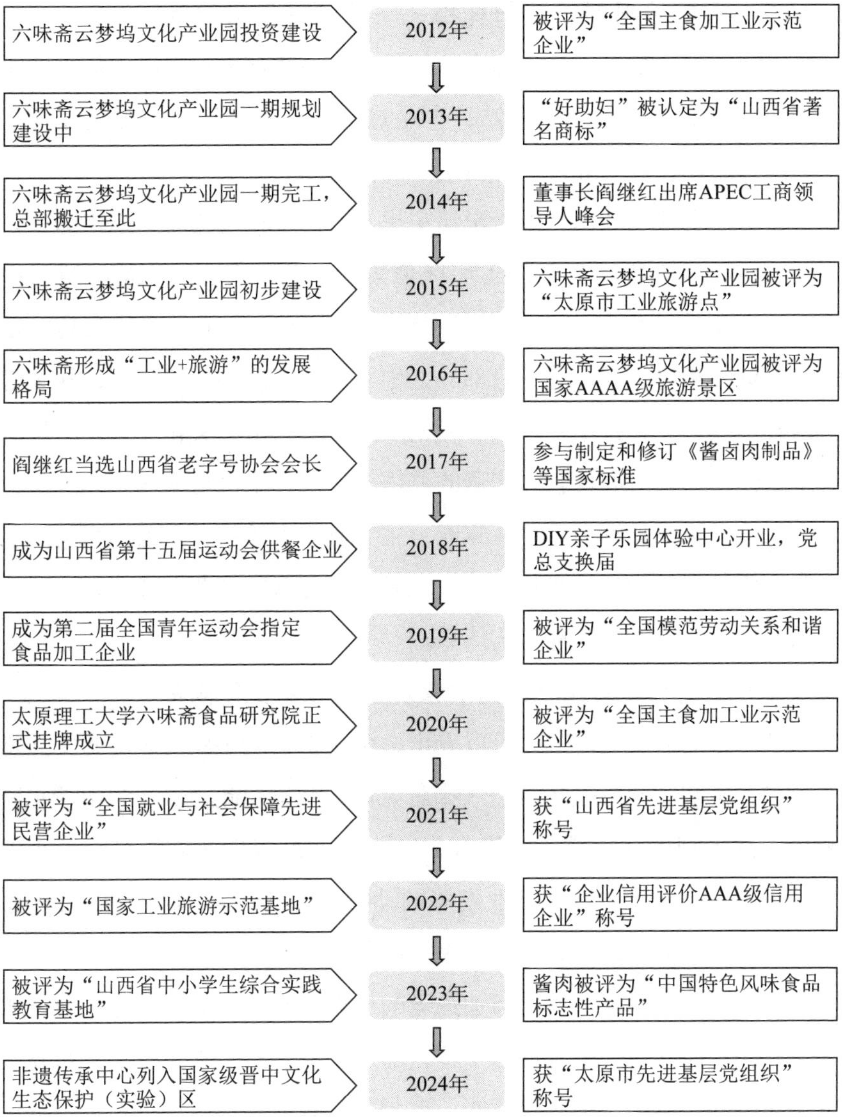

六味斋云梦坞文化产业园投资建设	2012年	被评为"全国主食加工业示范企业"
六味斋云梦坞文化产业园一期规划建设中	2013年	"好助妇"被认定为"山西省著名商标"
六味斋云梦坞文化产业园一期完工，总部搬迁至此	2014年	董事长阎继红出席APEC工商领导人峰会
六味斋云梦坞文化产业园初步建设	2015年	六味斋云梦坞文化产业园被评为"太原市工业旅游点"
六味斋形成"工业+旅游"的发展格局	2016年	六味斋云梦坞文化产业园被评为国家AAAA级旅游景区
阎继红当选山西省老字号协会会长	2017年	参与制定和修订《酱卤肉制品》等国家标准
成为山西省第十五届运动会供餐企业	2018年	DIY亲子乐园体验中心开业，党总支换届
成为第二届全国青年运动会指定食品加工企业	2019年	被评为"全国模范劳动关系和谐企业"
太原理工大学六味斋食品研究院正式挂牌成立	2020年	被评为"全国主食加工业示范企业"
被评为"全国就业与社会保障先进民营企业"	2021年	获"山西省先进基层党组织"称号
被评为"国家工业旅游示范基地"	2022年	获"企业信用评价AAA级信用企业"称号
被评为"山西省中小学生综合实践教育基地"	2023年	酱肉被评为"中国特色风味食品标志性产品"
非遗传承中心列入国家级晋中文化生态保护（实验）区	2024年	获"太原市先进基层党组织"称号

图 2 2012—2024 年六味斋大事记

二、云梦坞里的承载与托举——六味斋三大体系

六味斋的云梦坞,是六味斋这艘从近300年前沿汾水潇河而来的帆船的码头,是栖息地,是驿站,也是过往辉煌的集结地,更是涅槃重生、凤翥鹏翔、云飞九霄、梦游寰宇的新起点。

云梦坞占地500亩,位于汾河东岸208国道徐沟路段,是六味斋公司集团总部所在地,也是加工厂区聚集地,还是集公司物流、科研中心、企业文化、生态文明、职工生活、旅游产业等于一体的多功能基地。纵览云梦坞,承载有一总部、九中心、五厂区和生态公园,托举起公司管理、生产、技术、质量、营销、财务、人事、文化、党建、生态等十大体系,集中展现着六味斋的总体架构及其生机与活力。

从体系架构解析今日之六味斋,主要有三大体系:一是引领与赋能企业高质量发展的党建文化体系,二是日臻完善的经营管理体系,三是传承与创新并重的技术和工艺体系。

(一)引领与赋能企业高质量发展的党建文化体系

从六味斋的历史沿革中可以看出,企业真正从小变大、由弱变强是在中华人民共和国成立之后。六味斋为什么能有如此的蝶变?用六味斋董事长阎继红的话说就是"没有共产党,就没有六味斋的今天,听党话、跟党走,永远是我们企业发展的动力"。六味斋党委书记贾晓彬总结为"融合聚力,以高质量党建为高质量发展蓄势赋能"。

六味斋把坚持党的领导与加强党的建设看作公司的根和魂。通过实施"六同步四同时"融合助力工程,形成了"1331"党建模式,用高质量党建引领,以高质量党建赋能,形成了六味斋党建工作的一系列特色和亮点。

"六同步四同时"融合助力工程。"六同步"是指,党建工作和经营管理工作同步部署、党建制度和企业管理制度同步完善、党的创新理论

和业务知识同步学习、党建责任制落实和经营管理绩效同步考核、党建品牌与企业文化同步塑造、作风建设和队伍建设同步加强。"四同时"，也就是制定生产经营规划，同时制定提高职工政治思想、业务素质的规划；布置生产任务，同时下达生产考核目标和党建工作的要求；检查工作计划的进度，同时检查党建工作完成情况；表彰岗位技术能手，同时表彰发扬集体主义协作精神的先进人物。

"1331"党建模式。第一个"1"是指党管一体化制度体系，即从企业根本制度上把党建工作与企业管理工作深度融合，把党员和非党员管理人员统一纳入党组织教育管理的整个体系。在实行"双向进入，交叉任职"的企业领导制度的基础上，创造性地提出了"并行并入"的融合措施，即党委组成部门与经营管理职能部门相互并入，相关工作同步实施。说得通俗些，"并行"就是一二一齐步走，"并入"就是你就是我，我就是你。比如，党委组织部与公司人力资源部、党工办与企管部合署办公，宣传部设在综合办，监察室设在目标控制办，员工培训工作纳入六味斋党校，实现机构职能优化协同、高效设置，"两张皮"变成"一盘棋"，真正实现决策有党的声音、管理有党的身影，确保党的路线方针政策在企业的贯彻落实，发挥党组织在企业发展中"把方向、管大局、保落实"的作用。

"1331"的第一个"3"，是指人才队伍建设的"三培养"原则，即把员工培养成生产经营能手，把生产经营能手培养成党员，把党员生产经营能手培养成企业经营管理骨干，建设适应企业高质量发展的人才队伍。按照"三培养"原则，通过实施党员人才工程，开展"三互一促"活动，建立师徒帮带、新老帮扶、轮岗帮提制度，打造党员骨干"五带"机制，举办年度技术比武大赛等，着力培育造就更多的政治素质优、岗位技能优、工作业绩优、群众评价优的"四优党员"以及"六味斋工匠""企业专家""行业大师",确保六味斋的事业代代传、代代红。

"1331"的第二个"3",是指"三融入"载体,即:将党政共议融入企业治理,实现党组织作用发挥制度化;将教育管理融入企业经营,实现党员作用发挥常态化;将组织建设融入企业发展,实现党企共筑共建一体化。一是通过微网格管理,发挥党员"六大员"作用,形成"问题发现解决在网格、急难险重突击在网格、员工服务联系在网格、党员作用发挥在网格"的生动局面,实现"战斗堡垒"全覆盖,最终达到"聚是一团火,散是满天星"的效果。二是以问题为导向,建立共商共议机制,各子公司、部门和党支部结合实际,不断规范党政议事决策的各个环节和方面,实行党政同责、一岗双责、部门联动的工作机制,依托每月主题党日和"三会一课",同步实施具有自身特色的"三欣五省日""啄木鸟工作法""三联系制度"等党建工作制度。三是始终注重强作风、严管理,聚焦短板不足,实施精准管理,把作风建设融入日常、抓在经常,进一步深化宗旨教育,淬炼过硬作风,制定了《关于进一步加强党员领导干部作风建设的若干规定》,明确了"六好"党支部、"五好"党小组、"四优"党员考核细则,引导每一名员工自觉对标,在工作生活中"走在前、做表率、打头阵"。

"1331"的第二个"1",是指"一课堂"平台,即在将云梦坞打造成国家工业旅游示范基地和国家AAAA级旅游景区的基础上,建设由生产加工区、党建公园、初心广场、主题教室、博物馆、学员培训区等组成的集旅游和教育功能于一体的平台,创建将党建文化与企业文化相融合、将红色文化与传统文化相结合的"行走课堂",以更直观、更丰富、更形象的形式传承和弘扬党的优良传统、创新理论和老字号的传统文化。具体地说,就是要将企业职工与游客变学员、展板变黑板、车间变教室、基地变课堂,发挥"党员干部能力提升、中小学生研学实践、大学生实习实训"功能,让走进六味斋工业园区的每个人在承沐老字号品牌文化熏陶的同时,接受一次深刻的党性教育和政治洗礼。

总之,党管一体化,将党的政治优势转化成企业高质量发展优势;"三培养"原则,将党的政治优势转化成企业人才成长优势;"三融入"载体,将党的政治优势转化成企业和谐管理优势;"一课堂"平台,将党的政治优势转化成企业文化建设优势。

(二)日臻完善的经营管理体系

经过探索进取、且谋且成的改革与发展,六味斋经营管理体系日臻完善,在人、财、物、机、料、法以及时间、数据信息各要素管理方面,在供、产、销以及包含的合同管理、生产作业管理、物流管理等环节控制方面,均有建树和成果。我们认为六味斋经营管理体系的主干内容包括三大块,即六味斋组织机构与组织结构、六味斋标准化管理与标准体系、六味斋精益化管理。

1. 组织机构与组织结构

六味斋组织机构与组织结构如图3所示。

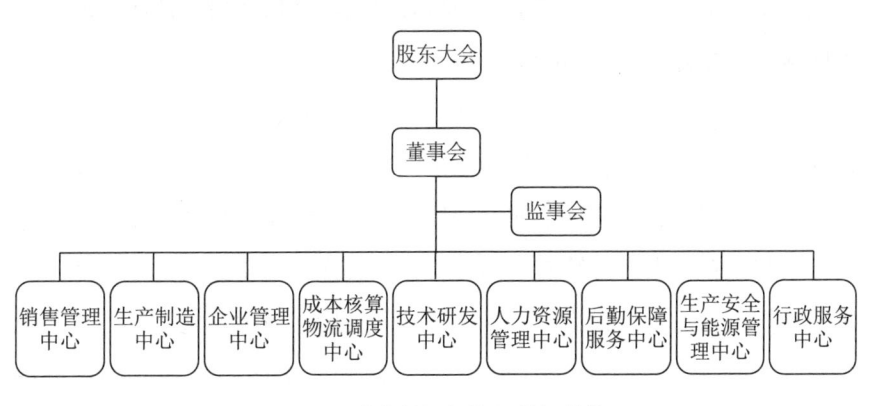

图3 六味斋组织机构与组织结构

首先，六味斋按照法定程序制定和通过了《公司章程》，并按照《公司章程》和《中华人民共和国民法典》的有关精神，设立股东大会、董事会和监事会，有健全的组织机构和明确的职责划分；同时，按照《中国共产党章程》、中共中央办公厅印发的《关于加强和改进非公有制企业党的建设工作的意见（试行）》等制度要求，设立企业党组织及其运行机构，并把党建工作写入《公司章程》，以制度化、法律化的规范举措，将党建工作融入企业经营管理，以确保实现党的全面领导。其次，实行扁平化组织结构，即董事长领导下的九大中心和九大中心指挥协调下的400多家连锁直营店。该组织结构简洁明了，精干高效。其中，连锁直营模式是六味斋经营管理的一大特色，主要内容是遵循"五统一"原则，即统一形象、统一管理、统一生产、统一配送、统一价格，保证六味斋产品品质与价格的整体性和一致性。

2. 标准化管理与标准体系

六味斋标准化管理与标准体系建设的初衷始于企业"良心工程"，即通过在质量、技术、文化诸方面实施标准化管理，构建企业经营管理标准体系，塑造以"良心至上"为核心要义的诚信形象，从而实现企业整体素质和综合实力的不断提升。

六味斋的标准体系，主要包括管理标准体系、技术标准体系和文化标准体系三大部分。管理标准体系是以质量管理与保证体系为红线，串联起经营管理各部门各环节的管理体系。技术标准体系体现在生产技艺的传承与创新之中，后续有关内容将介绍其标准化特色。文化标准体系的建设则以党建标准化为引领，围绕诚信目标，通过实施一系列"良心工程"，形成体现企业使命、愿景、核心价值观的文化氛围和精神谱系（见本文第三部分）。

六味斋的质量管理与保证体系，是其经营管理体系的重要组成部分,也是其整个经营管理的第一大特色和亮点,主要包括 ISO 9000 质量管理体系与"三四五"质量控制系统两部分。

ISO 9000 质量管理体系。六味斋把推行 ISO 9000 质量管理体系认证与企业管理标准化工作相结合,在建立 ISO 9000 质量管理体系的同时,不断夯实标准化基础工作。六味斋按照 ISO 9000 质量管理体系标准要求及企业实际情况编写了《质量手册》《程序文件》《作业指导书》等 66 个质量体系文件及 330 种质量运行记录;按照 GB/T 15496—2017《企业标准体系 要求》建立了公司标准化体系,发布 4 项基础管理标准,指导标准化体系整体工作;建立了企业规划及企业文化管理、人力资源管理、财务管理、标准化管理、质量管理、设施设备管理、安全生产管理、环境保护和能源管理、法务和合同管理、知识信息管理、党建管理 11 类基础保障标准子体系;对 33 项法律法规、129 项上级标准进行收集整理及消化吸收,编制或转化 150 项管理标准、589 项产品实现标准(原辅料检验标准 89 个,作业指导书 500 个)。同时,六味斋发布了 467 项工作标准,包含 175 项岗位作业标准、124 项工作流程和 168 项设备操作规程。

"三四五"质量控制系统。"三"即"全员、全过程、全方位"的"三全"质量管理要求,"四"即"自我管理、自我控制、自我完善、自我教育"的"四自"质量精神,"五"即"不查清原因不放过、纠正措施不落实不放过、分不清责任不放过、不受教育不放过、质量安全未改进不放过"的"五不放过"质量责任追究原则。具体体现包括:不断完善食品安全追溯体系;明确"下道工序检验上道工序,上道工序对下道工序负责"、"一把手"就是质量员等纪律要求,实行"自检、互检、巡检"相结合的检验制度;建立以问题为导向的质量提升机制,即"四个不停"(即查找问题不能停、修订标准不能停、学习标准不能停、整顿和落实不能停）、"三促四抓"（"三促"即促反思、促查摆、促整改；"四抓"即抓制度建设、抓重要性、关键性环节、抓过程管理、抓部门和企业发展举措）等；建立质量例会制、质量预案制；从产品的研发"萌芽"环节、原料采购环节和销售服务环节上把好食品安全与质量关；在实际推行过程中，实行动态的目标管理，使员工最终能切实达到企业的绩效期望，并对包括质量目标在内的各项目标进行分解，实行任务问责制，责任到人。

3. 精益化管理

精益化管理也叫作精益生产方式，这种生产方式是以整体优化的观点，科学、合理地组织与配置企业拥有的生产要素，消除生产过程中一切不产生附加价值的劳动和资源，以"人"为中心，以"简化"为手段，以"尽善尽美"为最终目标，使企业适应市场的应变能力增强，以取得更高的经济效益。六味斋根据精益化管理理念和企业实际，创造性地制定了《太原六味斋实业有限公司"贯彻新发展理念 推进精益化管理"，推动企业高质量发展实施方案》（以下简称《方案》），这是六味斋管理层不断加强企业管理的重大举措，也是六味斋适时地改进、充实和完善企业整个经营管理体系的新亮点。

《方案》提出的指导思想是：以新发展理念为引领，以打造中国最具影响力和活力的老字号企业为目标，以精益管理为抓手，围绕"精益、创新、提升"，把精、细、实、严落实到管理工作的每个环节，全力推动"品牌提升、产品提升、渠道提升"，全力打造"运营五星级"，不断提高公司整体管理水平和核心竞争力，促进公司高质量发展。《方案》明确的总目标是：通过精益化管理，实现思想、行动、管理、服务、安全均达到五星级标准的"运营五星级"，全面建设本质安全型、质量效益型、科技创新型、绿色节约型、幸福和谐型的"五型企业"。

《方案》包括的主要内容如下。①树立五个精益理念，即：一是"每时每处都存在浪费，需要我们去识别和消除"；二是"运营改善既要领导重视，更要员工参与"；三是"精益从'心'开始，改善从我做起"；四是"运营改善永无终点，我们永远走在精益的路上"；五是"绩效完不成，先进不能评"。②杜绝八大浪费，即生产过剩的浪费、等待的浪费、搬运的浪费、过度加工的浪费、库存的浪费、动作的浪费、返工的浪费、管理的浪费。③围绕推进"速赢"项目，开展提升运营绩效全员大行动。《方案》明确了2022—2025年三年行动计划及其基本思路、具体目标、重点任务、推进措施和运行方法等，即精益管理导入阶段（2022—2023年，完成精益运行和精益管理思想导入）、拓展延伸阶段（2023—2024年，完成精益管理推广工作）、落实成熟阶段（2024—2025年，完成精益战略体系构筑工作）。

（三）传承与创新并重的技术和工艺体系

从根本上说，能够托举和推动六味斋劈波斩浪前行的原动力，主要是其传承百年且能"日新又新"的生产技艺，它不仅是六味斋安身立命的法宝，而且是六味斋独特的、有用户价值的核心竞争力。

1. 传统技艺

六味斋酱肉系列产品，精选猪五花肉、猪前肘等新鲜原料，辅以六味斋独门配方，经数十味中药材去腥提香，百年老汤增味增香，运用传统饮食文化及传统中医文化的原理，"君臣佐使，医食同源"，凝练天然肉香与香辛料香于一体，精制而成。

其中酱肘花历史最为久远，可追溯到一千多年前的唐代。宋代陶谷《清异录》曾记载："韦巨源拜尚书令，上烧尾食，其家故书中尚有食账。今择奇异者略记……缠花云梦肉（卷镇）……"不仅记有菜名"缠花云梦肉"，也记录了其做法"卷镇"。所谓"卷"，是把东西弯转裹成圆筒形状；所谓"镇"，就是"缯"，是指用麻绳捆绑缠绕。六味斋酱肘花，即缠花云梦肉，精选猪前肘，以独门绝技"琵琶十八刀"去骨，要求十八刀后要做到骨肉分离，骨上不带肉、肉里不藏骨、去骨不破皮。之后填塞腌制过的精瘦肉，再紧紧卷成筒柱形，用绳索缠捆，以防松弛，然后投入锅中焖煮。六味斋将"缯"的工艺总结为"缠花十八手"，也就是麻绳要缠捆十八道以上，这样才能捆绑紧实，并使肉皮上的纹路细密匀称，这就是所谓的"不卷不缯，难以成花，故名缠花"。

酱制，是六味斋酱肉系列产品在制作过程中的一种独特的"半煮半蒸"的肉类熟化工艺，酱制时以武火煮制、文火炖制，遵循"一摸、二看、三听、四闻"的传统技艺，即摸肉的质量、看火的大小、听汤的浓稀、闻肉的香味。最后肉制品成熟的同时收汁形成浓酱，也就是酱汁。六味斋酱汁是卤制酱肉的老汤经滤渣熬制而成，不添加其他任何东西。刷酱是酱肉系列产品加工所必需的独特工艺，由于酱肉制作过程工序繁多，经卤制、酱制后猪皮软嫩，刷酱是为了保护猪皮，使外形美观，还可以改善口感，使酱肉产品肉质鲜美，绵软可口，香气浓郁。

六味斋酱肉传统配方中包含几十味中药材，因此要用文火慢慢炖煮数小时方可出锅。六味斋酱肉不仅色香味俱佳，绵软可口，香气浓郁，保留了传统食品的原汁原味，而且营养十分丰富，经化验，其饱和脂肪酸减少了30%～50%，胆固醇降低了50%以上，经常食用还有保健养生之功效，真正做到了"医食同源"。六味斋酱肉系列产品具有"熟而不烂、甘而不浓、咸而不涩、辛而不烈、淡而不薄、香而不厌、肥而不腻、瘦而不柴"的特点，体现了"以和为美"的中国食文化。

2. 工艺创新

六味斋酱肉传统制作技艺如图4所示。

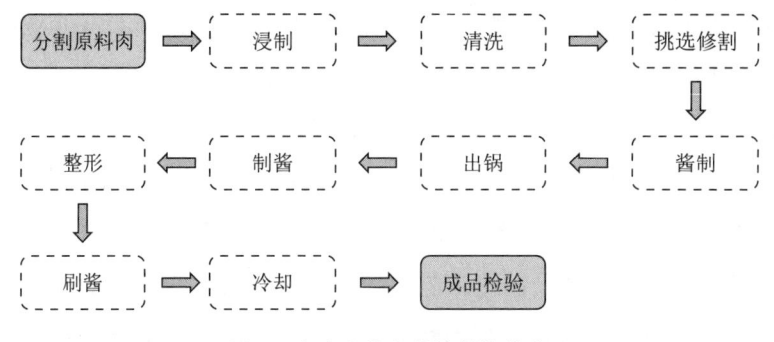

```
分割原料肉 → 浸制 → 清洗 → 挑选修割
                                    ↓
整形 ← 制酱 ← 出锅 ← 酱制
  ↓
刷酱 → 冷却 → 成品检验
```

图 4　六味斋酱肉传统制作技艺

多年来，对于酱肉传统制作技艺这一国家级非物质文化遗产，六味斋在采取多项措施传承保护的基础上，不断地进行以标准化为准绳的创新性研发，主要表现在以下几个方面。

一是对酱卤产品的盐度进行在线控制。传统的酱卤肉制品的盐度是通过简单的浮力盐度计或有经验的生产员工品尝来确定的，导致产品盐度及风味的不稳定。六味斋研发中心自行设计流程参数及计算公式，结合盐度滴定测量仪器，对酱卤肉制品的盐度进行实时在线测定，控制加料量、加汤量及加盐量，提高了产品口感的一致性，稳定了传统酱卤产品的品质。

二是在仿生素食产品的开发及机械化生产方面，解决了装模、脱模、切片、切块、油炸、拌制等环节的技术难题，自主设计开发的切块成型机已取得专利，实现了仿生素食系列产品的连续化、机械化生产，每年可节省人工费用约 20 万元，提升劳动生产率 80% 以上。

三是在传统酱牛肉腌制工艺专项改进和中式肉制品肉质嫩化研究方面亦取得了突破性进展。六味斋酱牛肉腌制工艺从传统的手工撒盐、肉案揉搓的干腌法，改进为注射腌制及滚揉的注射湿腌法，腌制周期从 7

天缩短至 3 天，产品腌制效果更彻底、更均匀，极大地降低了企业的固定设施费用及生产成本。六味斋传统的鸡肉制品等并不腌制，而是直接进行调味卤制，很容易造成内部不入味，口感发干发柴。为此，六味斋研发中心经过长时间的工艺试验与调整，确定了不同产品的腌制工艺，通过先腌制再卤制，使产品嫩度、口感、品质有了很大的提高。

四是六味斋豆制品制作工艺得到了飞速发展。六味斋豆制品厂自 1998 年 7 月成立以来，经过不断创新发展，现已成为大型现代化豆制品生产工厂。其间，引进了日本先进的熟浆工艺生产线、百叶生产线等先进设备。先后对半自动花干切割机、素鸡成型工艺、卤水自动调配输送系统进行改进和技术革新，逐步实现了以经验控制为主的传统豆制品粗放型生产向标准化、机械化、精细化生产的转变。六味斋豆制品厂技术创新成果多次获得山西省总工会、太原市总工会颁发的"职工创新成果奖"，企业多次获得"中国豆制品行业质量安全示范单位""中国豆制品行业 50 强"等荣誉称号。

五是以省级企业技术中心为依托，与各大科研院所深度合作，截至 2023 年，参与了国家、省、市级科研项目 24 项，获得国家专利 7 项。作为主要起草单位之一，参与了《荞麦粉》《粉条》《酱卤肉制品》《豆腐干》四项产品国家标准及《主食加工配送中心良好生产规范》《主食冷链配送良好操作规范》两项行业标准的制定。

三、承古萌新的永续基因——六味斋的精神谱系与当代晋商的文化力量

宋朝大儒朱熹在《观书有感》中有言："问渠那得清如许？为有源头活水来。"回望六味斋奔流不息的历史长河，俯瞰云梦坞日新月异的勃勃生机，人们不禁要问：百年老店青春永驻的秘钥是什么？六味斋承

古萌新的永续基因何在？我们认为，答案就是一代代六味斋人对优秀传统锲而不舍的坚守与传承、转化与创新，尤其是现如今，六味斋坚持党的领导，不断挖掘和吸纳根脉给予的丰富养分，形成了兼具传统文化与时代特色的六味斋精神谱系，不断赋予企业强大的发展动力。

（一）企业文化

1. 核心理念

六味斋企业文化的核心理念由企业核心价值观、企业宗旨、企业使命、店训和对每一名员工的理念要求五部分组成。

企业核心价值观：做事靠良心，责任靠奉献，诚信靠德行。

企业宗旨：全力以赴打造放心食品，全心全意为消费者服务。

企业使命：为社会肩负责任，力做民族栋梁；为公众用心精制，提高生活质量；为员工实现价值，尽享美好生活；为股东创造回报，构筑恒久基业。

六味斋店训：骂不还口，微笑服务，任何时候先找自己的不足。

六味斋要求每一名员工树立的个人层面理念：人人都是六味斋品牌，人人都是六味斋形象，人人都是六味斋榜样。

总之，六味斋以诚信为圭臬，以诚信涵养文化，坚守"质量是生命之魂"的理念，把诚信作为核心基因融入企业价值观，纳入企业愿景和战略目标，塑造社会和消费者完全信得过的企业和产品形象。

2. 良心文化

六味斋的良心文化是由一系列目标信条、理念思想和原则要求构成的。在"肩负重任、馨香久远"的目标下，提出"做出来的东西，首先是得敢让父母吃才行"这一最简单、最朴素却最实在的理念要求，将恪守"保护消费者就是保护六味斋"的信条，与秉持"食品工业是良心工业""用良心打造放心食品""食品是人品""做食品就是做良心工程"等一系列经营思想，不折不扣地贯穿于食品加工的每个环节，一丝不苟地用"良心"生产绿色、新鲜、安全、卫生食品，通过打造"良心文化"，铸就六味斋金字品牌。最能体现其"行胜于言"的原则要求是"六不"做法。

刀下不留情：六味斋在操作中把所有猪肉原料的淋巴腺切除，还要清理猪眼皮上和耳朵里的毛等，每天扔掉原料废料100多千克，占原料总量的4%。

不用工业卤水：工业石膏每100千克48元，工业卤水每100千克40元，而食用卤水每100千克240元，是工业石膏价格的5倍，是工业卤水价格的6倍。六味斋坚持从专业生产食品级氯化镁的厂家购进食品氯化镁（俗称食用卤片），用于生产豆制品，一年仅此一项支出就有50多万元。

不用添加剂：对于粉条生产，六味斋经过多达86次的试验，采用纯天然的生物原料，达到了比加明矾还要好的效果；猪皮冻在熬制中不使用任何食用胶添加剂，而且连一根毛也没有。

不以次充好：比如，在过货中因一盒蛋糕中一块蛋糕上的一个黑点，一车蛋糕的产量被核减。

不偷工减料：制作50克的豆包，馅料的重量不低于15克；面条宽度要在2毫米至3毫米。

不缺斤短两：六味斋坚持复秤制度30多年，"主动为顾客复秤"成为六味斋门店的一项常态服务，平均每月复秤都在5000次以上，合格率均在99%以上。

一言蔽之，"六不"做法，既让社会"食"得放心，也让企业"做"得安心。

3. 本土文化——唐晋遗风与乡土民情

一般而言，每个企业，由于地缘与历史的影响，无不打上鲜明的本土文化烙印。六味斋身上就透着强烈的本土文化。在山西人尤其是在太原人眼里，六味斋不仅是一个企业名称，也是一组食品的代名词，还是一种本土文化的表征。这种本土文化的核心要义是什么呢？一是晋商精神。在分析六味斋在北京窘迫困难时回归故里得以发展的缘由时，山西著名学者孔祥毅将其总结为三晋文化根脉，也就是从唐晋遗风到关公崇拜的晋商精神，说到底就是忠义仁勇、诚信进取、以信取利。据史料记载，先秦时代晋南一带就有了商业交易活动，明清晋商把山西人经商的历史、经商的智慧、经商的艺术推向了极致（见高建民主编《走出资源型地区可持续发展的路子》，2008年）。可见在山西，既有源远流长的历史和深厚的文化底蕴，又有传统的商业意识和辉煌的晋商精神，这都为后来的山西人从事经济活动提供了源源不断的精神财富。二是乡土民情。表里山河的山西，有着以纯朴务实与融合兼容为鲜明特色的乡土人情。这种乡土人情，决定了人们生活的本原与偏好，即追求实在与厚重。因此，六味斋的乡土文化首先体现在产品上，其口感肥而不腻、瘦而不柴、咸而不涩、淡而不薄，是黄土高原的本色，是黄河流域的古韵。其次，六味斋的乡土文化也体现在大众化传播的扩展中，其门店遍布大街小巷，受众广泛，真可谓：黎庶唯多眷顾，显贵何再矜持？

4. "家""和"文化

六味斋的"家""和"文化，既寓有"家"的理念，又富于"和"的意义。"家"文化包括三重含义：一是"家"企业——职工之家；二是"家"社会——市民主厨；三是"家"天下——民食为天。相应地，"和"文化也有三重价值，即："和"在企业与员工，"和"在企业与社会，"和"在企业与环境。

六味斋是全国模范劳动关系和谐企业；"六不"做法体现了强烈的社会担当意识；云梦坞文化产业园从设计到施工到投产，不仅做到了国家环境保护要求的"三同时"，而且真正实现了"寓企业于园林，寓园林于文化，寓文化于历史，寓历史于特色，寓特色于发展"的创设宗旨。凡此种种，都是六味斋"家""和"文化的真实写照。

六味斋是一个和和美美的"大家庭"。每位员工都是"家"的成员，创建和谐、团结、信任的"家""和"文化，是六味斋企业文化建设的题中之义，也是每一位"家人"应尽的责任和义务。为此，六味斋制定了详细的"家""和"文化实施方案，明确了以下诸方面的行动举措：一是以彼此的微笑来增强"家庭成员"之间的信任感和责任感；二是从员工需求出发，提高"家庭成员"幸福指数（包括"班中餐""五必访""暖心工程"等）；三是建立谈话机制，帮助"家庭成员"成长；四是设定"关怀周"，真诚关心员工生活；五是定期举行各类比赛和活动，为员工创造社交条件，提高员工对"家"的认同感；六是在部门内部设立互助小组，营造"家"的氛围；七是为员工创造相互尊重的工作环境，搭建实现自我价值的平台（包括进修学习、个人成长、机会均等、公平竞争等）；八是加强部门之间的互助与协作；等等。

（二）精神谱系

在企业，制度、技术和文化的不断演进，聚合作用到一个团队或具体的个人，能够产生一种蕴含巨大能量的精神力量。精神的力量是无穷的，以其强大的导向功能、规范功能、凝聚功能、激励功能、辐射功能，弥漫于企业，润化于事业。百年栉风沐雨，千人同心合力，六味斋人在共铸辉煌的奋进中提炼出企业精神，即继承、创新、诚信、卓越。其中，继承是根基，创新是关键，诚信是灵魂，卓越是目标。这一精神光源，普惠朗照，折射出绮彩纷呈、蔚为壮观的七色精神谱系。

1. "两不敢"精神

所谓"两不敢",是指"物料不敢减丝毫,人工不敢省半分"。本意是:物料要用足用好,不敢因为价高或匮乏而减少物料或降低标准;生产过程再烦琐,工艺再复杂,也不敢省略步骤或有半分松懈。"两不敢"精神,既体现了六味斋作为食品企业的社会责任和担当,也体现了六味斋人践行社会主义核心价值观之"诚信"的"良心"。

2. 雁阵精神

阎继红董事长经常把企业比作"雁阵",她常说,我们企业发展的关键是我们有党的领导,有一个好的班子、一个好的团队。人们知道,"雁阵"有三层含义:一是大雁结群飞行,孤雁哀多,飞鸣念群;二是群雁列阵飞行,或成人字阵,或成一字斜阵,前后借力,形成"雁阵效应";三是群雁在头雁的带领下飞行,头雁起领航、导向、示范的作用,谓之"头雁效应"。六味斋的雁阵精神,就是全体六味斋人组成的"雁阵",在以阎继红为代表的"头雁"带领下,以忠诚、团结、合作、信任、坚忍、奉献的精神,有章有法、有模有样地向着既定的目标努力、努力、再努力,前进、前进、再前进。

3. 舍得精神

常言说,舍得,舍得,有舍才有得。阎继红董事长把这个朴素的道理用于六味斋的企业文化建设,并常常告诫全体员工,小舍小得,大舍大得。

在六味斋,正是"舍"了各种"发财"的门道,企业才能实实在在、心无旁骛地做好自己的"本分",才得以保住老祖宗留下的这块牌子,把企业做大做强;正是"舍"了一时的"厚利""暴利",才赢得了老百姓永远的信任与口碑。所以,舍得,是一种境界、担当和修为,也是一种智慧与格局。

4. 雄鸡精神

"守信催朝日，能鸣送晓阴"，在中华文化中，鸡是"知时鸟"。在六味斋，有这样一群人，如同雄鸡报晓一样开始每天的工作。他们为了确保六味斋专卖店每天早上将最新鲜的食品呈现给顾客，从凌晨3:30就开始装车送货，早上7:00前将食品全部送达店内，一年365天，天天如一日。他们就是汽车队和物流中心配货部的六味斋人。他们身上所表现的是闻鸡起舞、一以贯之、拼搏奉献的精神，这种精神就是可贵的雄鸡精神。

5. 李丽精神

前已述及，李丽是六味斋的老劳模，创造了独具特色的李丽精神。20世纪80年代初，一场"学李丽，树新风"的活动在太原市财贸系统迅速展开，继而把太原市乃至全国的文明礼貌月活动推向了一个新高潮。也就是从那时起，李丽精神在六味斋得以不断发扬光大。例如，在20世纪90年代，阎继红在柳巷酱肉店设立了复秤台；随着连锁专卖店的增加，又专门成立了客户服务部，在检查店面服务质量的同时，继续履行好复秤职责；等等。

当然，李丽精神的内涵还包括她归纳总结的"三个热乎乎"，即"让顾客在店里感到热乎乎的，回家后热乎乎的，走上工作岗位还要热乎乎的"。现如今，"三个热乎乎"已是六味斋人热情服务的标准范式。

6. 算盘精神

做企业少不了算经济账，算经济账少不了精明细致人。六味斋的共产党员、全国爱企敬业模范郝照红，就是一个倡导并践行算盘精神的人。

算盘精神指的是精打细算、爱岗敬业、注重细节的精神。俗语说："算盘要常拨拉，功夫要常踢打。"企业员工形象地夸赞郝照红的精明是

"将算盘曳在了屁股后面"。他在企业厂房建设时提出综合管廊整体变更实施方案，使得土建造价节省了500多万元；他通过改进园区的蒸汽输送方式，每年为企业节约天然气费用150多万元。

天天打"算盘"，事事拨"算盘"。六味斋需要这种认真劲，六味斋也有这种精神头。

7. 一根筋精神

一根筋精神说的是一种较真、执着、不妥协的精神。在六味斋，巩宝亮是这种精神的杰出代表。

巩宝亮属于山西省财政税务专科学校第一批国家不包分配的大学生，初到六味斋豆制品厂工作时情绪很低落，当时担任党支部书记的阎继红和企业的其他同志给予其帮助与开导，使他在转变思想认识的同时，踏上了一门心思钻研技术的"豆腐倌"之路。

正是靠着"一根筋"追求，巩宝亮成了中国食品工业协会豆制品专业委员会的专家、中国传统食品工艺大师；正是有着"一根筋"精神，他发明的自动切花干机成功申报国家专利；正是凭借"一根筋"劲头，他研发的控油器、定量豆浆灌装机、豆水分离器、红外自动整布机等多项成果，使得生产效率提高了40%，劳动强度下降了80%，每年节约成本超过50万元。

一根筋，本身就是一种精神，是一种工作较劲、追求完美、成就理想的精气神！

（执笔人：谢振芳、王博）

万里茶道上的百年茶庄

——乾和祥老字号的茶香技艺与诗意文化

众所周知,山西并非产茶之乡,但却有着"晋商驰名中外,尤以经营茶庄、票庄著称"的历史(见张维东主编《晋中茶商与万里茶道》中的《晋商开辟的茶业之路》一文,作者:田树茂、田中义)。晋商之所以钟情于茶叶,是因为"茶叶是晋商发财致富一个历久不涸的财源。它对晋商来说,举足轻重"(见张维东主编《晋中茶商与万里茶道》中的《茶业——晋商与国际贸易的纽带》一文,作者:刘建生、刘鹏生)。所以说在山西,至少是明清时期的山西,曾有过繁荣的茶叶经营史和辉煌的茶业制办企业,其业绩、其精神一直延衍至今,泽被后人,惠启新秀。位于山西省太原市最繁华的商业区钟楼街口的乾和祥,就是这样一家传承传统遗风、续写新篇华章的中华老字号茶庄。

一、万里茶道与乾和祥百年简史

据史料记载,宋太平兴国七年(982年),并州移治于晋阳城北的唐明镇(今太原市西羊市、大关帝庙附近),其逐渐发展成为当时南北交通要塞和政治、经济、文化中心。因过往商人、游客均在此歇脚、交易、驻留,遂逐渐形成谦和马店。随着历史的发展,晋商的崛起,茶叶贸易的兴盛,谦和马店成为万里茶道的一环。到清中叶,晋商茶马交易达到兴隆。已在天津开设乾和公茶庄和乾和厚茶庄的王占元看到了商机，依靠其广博的人脉关系，得以在太原"整合"谦和马店，开设茶馆、钱庄等。太原市档案馆保存的1950年6月的"山西省太原市座商登记表"显示，民国七年（1918年），天津乾和公出资乾和祥茶庄，营业地址是按司街30号，这是乾和祥茶庄有据可考的正式商业证明，1918年也成为今天通常认定的建店时间，但从乾和祥茶庄留存下来的清晚期署有"太原府"的乾和祥茶桶等相关物品推算，乾和祥茶庄的实际设立时间要早于1918年。

万里茶道，又称为茶叶之路，是指明清时期，采用船只、马匹、牛车、骆驼等运输工具和方式，把闽湘鄂等地的茶叶一路北上销往蒙古草原、俄罗斯、中亚和欧洲的茶叶贸易路线。从中国福建的武夷山起，途经江西、湖南、湖北、河南、山西、河北、内蒙古七省（自治区），经库仑（现蒙古国首都乌兰巴托），到达中俄边境的通商口岸恰克图，全程约4760千米。后来茶道经俄罗斯境内继续延伸，通往中亚和欧洲其他国家，使茶叶之路延长至1.3万千米，成为名副其实的"万里茶道"。

无疑，万里茶道的形成有其历史背景，受到地理条件、商帮经营实力等诸多因素的影响，沿途不同商业行当的积极参与，共同造就了万里茶道之辉煌。山西地处万里茶道的重要区段和关键枢纽；晋商是万里茶道的开拓者和主力军。目前，有关部门认为，万里茶道在山西境内涉及八处遗产。其中太原市迎泽区的大关帝庙（现羊市街关帝庙）附近就是当年南来北往的"驼帮"的歇马店和交易市场，也是王雨生兴建茶馆、钱庄的地界。早在1910年前，乾和祥的创始人王占元就看准了万里茶道的商机，他后来在钟楼街投资6000块大洋开办乾和祥茶庄并让有着"万里茶道"历练的王雨生出任首任大掌柜，与此不无关系。正因为如此，乾和祥是当之无愧的万里茶道太原段商贸文化的代表。

二、中国茶饮技艺演变与乾和祥传统技艺传承

中国是茶的故乡。关于我国的茶饮技艺，有学者在对典籍与文献资料进行研究后认为，煎泡茶叶的技艺，在唐、宋、明三代各具特色而又相因发展，唐代煎煮、宋代冲点、明代瀹泡，明以后，瀹泡散条形叶茶成为中国茶叶品饮的主导方式（见 2023 年 12 月 18 日《人民政协报》中的《典籍与文物里的中国茶文化》一文，作者：沈冬梅）。

由此可见，明代以后人们喝茶以泡茶为主流方式，而泡茶要素中，除茶叶外，最主要的就是茶具、水、冲泡方法与环境。这也就是说，喝茶人人都会，但要冲泡得法并非易事。同样质量的茶叶，如用水不同或冲泡技术不一，泡出的茶汤就会有不同效果，而且差异明显。要掌握好茶叶的冲泡，重点是要选择适宜的泡茶用水与器皿，同时还要注意环境与方法。实际上，乾和祥的核心技艺——茉莉花茶融萃（拼配）技艺，正是在茶叶冲泡中形成的传统技艺。

乾和祥茶庄作为百年老店，虽然经营多种茶叶，但唯独以茉莉花茶为其主打产品。之所以如此，是因为乾和祥人认为，茉莉花茶在山西有着众多的需求和广大的市场。一方面，茉莉花茶茶性适中，适宜在北方高寒地域饮用；另一方面，茉莉花茶适宜于大部分人的身体特性。因此，从广阔的茶区选择适宜于山西水质的茶坯窨制茉莉花茶，为三晋广大消费者提供能够便捷饮用、性价比高的茶饮，成为乾和祥茶庄首要的经营目标。

但大家知道，山西地处黄土高原，水质偏碱、偏硬，在冲泡绿茶时无法泡出在南方"清汤绿叶"的观感和"嫩香鲜爽"的口感。为了解决这一问题，乾和祥首任大掌柜王雨生，在多年摸索实践中，总结出融萃（拼配）方法，后又将南方诸多省份的成品茉莉花茶反复对比、拼配，最后按中药配伍的方法，拼配出具有乾和祥特质（后称"晋味道"）的

茉莉花茶，深受时人喜爱，在三晋大地一传百年，同时也成为乾和祥生存与发展的灵魂。

乾和祥茶庄茉莉花茶融萃（拼配）技艺非常讲究，有一套相对固定的流程，即先采集原料茶小样，制定拼配成品茶小样，然后根据小样成品明细单，拼配出大样成品。为确保大样的匀整度，经至少三次拼配后，从大样茶堆上不同的堆位采集小样，由掌柜亲自通过感官审评确定。

首先，乾和祥在选择茶坯时，非常注重茶园的生态环境和可持续管理，倾向于选择那些有机认证或者采用自然农法种植的茶园。一般从福建、广西、四川、云南等地遴选优质的春茶茶坯，同时要在乾和祥评审实验室进行感官评审。福建茉莉花茶鲜灵度好、嫩度高，条形漂亮；广西茉莉花茶耐泡，汤色通透；四川茉莉花茶具有独特"栗香"，韵味悠长；云南高山茶香气足，滋味醇厚。

其次，在采摘季节上，乾和祥制作茉莉花茶一般选用明前或雨前的嫩芽叶，这时的茶叶香气最为鲜活，口感最为鲜爽。在窨制花茶前，还会按高、中、低等级对茉莉花茶的茶坯进行精心的挑选和制作，去除杂质，确保茶叶的完整性和美观度，为与茉莉花的完美结合做好充分准备。总的来说，乾和祥茉莉花茶的茶坯选择要综合考量茶树品种、采摘季节、制作工艺等多个因素，旨在制作出香气纯正、口感醇厚的高品质茉莉花茶。

另外，乾和祥还有两项重要的传统技艺，一是斗型茶包，二是盖碗专泡。斗型茶包的制作分九步，是乾和祥茶庄独创的一门手工技艺，也是市级非遗项目，至今已有百年历史，成为乾和祥茶庄不同于其他茶庄的特色，彰显其厚重的文化底蕴。乾和祥的盖碗专泡在形式上集雅、绅、思于一体，大力推动了盖碗专泡的普及，即：先对盖碗进行预热，将适量的乾和祥茉莉花茶倾入碗中，然后提起铜壶，悬空冲茶，使花茶在沸水中上下翻滚，这在很大程度上冲击着观者的眼球，丰富了其遐想；品茶人一手端托，一手拿盖，用盖轻轻拨推浮在碗面的茶叶，盖与碗缓缓摩擦，发出悦耳的响声，这个过程显示出品茶人雅、绅、思的各种神态。实际上，不论是斗型茶包还是盖碗专泡，其技艺都与服务过程密切关联，或产生于服务过程之中，或存在于服务过程之中，融合着茶道，蕴含着茶艺。

前已述及，王雨生首创乾和祥茶庄茉莉花茶融萃（拼配）技艺，并立下"货色正路，偏路不贪，新法熏窨，香味弗变"的"十六字"规矩，当属乾和祥技艺第一代传承人。1933年起，苏化南接任乾和祥掌柜，牢记"十六字"规矩，潜心研究传统技艺，将过去的干茉莉花改为鲜茉莉花，并提出入夏以后采摘茉莉花再窨制，以促进茶香与花香的融合，使花茶的品质得到提升，推动茉莉花茶融萃（拼配）技艺进一步发展，也就成为第二代传承人。20世纪60年代初，朱凤英投师苏化南门下，潜心研究，认真学习，不断实践，掌握了茉莉花茶融萃（拼配）技艺要领，可谓第三代传承人。2006年9月，山西省第一位国家级高级评茶师张俐丽出任乾和祥茶庄经理，开启了乾和祥创新发展的历程。2007年，张俐丽在挖掘乾和祥历史的过程中，找到了乾和祥拼配技艺的出处，她当即拜第三代传承人朱凤英为师，将祖传技艺与现代饮茶人的口感需求相结合，形成了乾和祥茉莉花茶融萃（拼配）技艺下的晋味新品，因而成为第四代传承人。同年，在朱凤英师傅的协助下，张俐丽团队完成了乾和祥历史资料以及拼配技艺的文字、影像资料的整理编辑工作，改变了乾和祥传统的"口口相传，手手相传"的传承方式。

传承百年的乾和祥茉莉花茶融萃（拼配）技艺，在以张俐丽为代表的第四代传承人手中不仅发扬光大，而且不断地迈上新的台阶。一是改夏为伏。张俐丽把过去入夏后采摘茉莉鲜花加工茶叶窨制，改为伏天采摘加工窨制，因为三伏天茉莉花的香分子最活跃，能最大限度地体现出茉莉花茶的鲜灵醇厚，使其技艺更加成熟和先进。二是变叶为指。过去拼配茉莉花茶是人工拼合，不仅劳动力度强、拼合不均匀，而且损耗大。经过技改将不锈钢食品滚筒机的叶片改为人的手指形状，不仅可以提高拼配搅拌的速度，而且拼配出的茶叶更加均匀，损耗率降低，还节省了劳动力。三是创新推出茉莉桑叶茶（代用茶）。根据《本草纲目》，桑叶主要有清肺润燥、清肝明目的功效。现代药理研究显示，桑叶的主要成分是黄酮、生物碱、多糖，以及酚类物质等，所以桑叶具有降血糖、降血脂、降血压等作用，特别是以茉莉花茶融萃（拼配）技艺加工后，能够更好地达到"茶的味道，药的功效"。茉莉桑叶茶是乾和祥与山西中医药大学、山西君雁药业有限责任公司共同研发的，以山西本土的地道桑叶为主要原料，是采用茉莉花茶融萃（拼配）技艺进行的又一次创新。

三、晋商文化熏陶与乾和祥企业文化发展

据史料记载，从明末清初开始，晋商中有一个以骆驼运输为主，从事贸易活动的组织形式，即晋商"驼帮"。他们经营的主要商品有茶叶、丝绸等。当时南来北往的贸易，不论是南方的"烟酒糖布茶"，还是北方的"牛羊骆驼马"，都要经过山西延续商品的商贸旅程。晋商"驼帮"通过组织驼队，以山西为枢纽，北越长城，贯穿蒙古，跨过西伯利亚直至欧洲腹地，打通了"万里茶道"。由于清朝初期东南沿海实行海禁政策，晋商"驼帮"与欧洲的商业交流，成为清朝对外经济、文化交流的一种主要方式。无疑，作为走南闯北的商帮，"驼帮"这个群体既要有商业眼光又要能够吃苦耐劳，既要有诚实守信的品德还要有

勇敢拼搏的精神。

王雨生在担任乾和祥的首任大掌柜之前，曾经常接遇晋商"驼帮"，在与其交往中，既受到了晋商文化耳濡目染的熏陶，也得到了晋商精神启迪教化的蒙育，从而为乾和祥初创时期经营理念和企业文化的形成奠定了良好的商业道德基础。从此，乾和祥茶庄在百余年的发展过程中，不断培育和丰富独具特色的企业文化和精神，使之成为推动企业永续发展的汲养不穷的动力之源。

（一）企业理念文化

1. 核心价值观

乾和祥的核心价值观主要有两条：一是"卖茶叶，三分雅"，二是诚信为本。

"卖茶叶，三分雅"。一般来说，这是从事茶叶生意者遵循的古训。乾和祥秉持从业古训，不图买卖暴利，但求三分雅致。在乾和祥，至今仍较好地保存着一个已过百岁的柳木茶叶贮藏箱，柳木箱木质软、无异味，是上好的贮存茉莉花茶的器物。保存这样的老物件，旨在向世人展示其当年主人的欣赏水平和不俗不凡的雅致做派。现在的乾和祥依旧保持着老祖宗流传下来的优雅风范，主要表现在：门橱店面装饰典雅，店内陈设布置清雅，员工待人接物高雅。尤其是桃园诗社乾和祥茶庄采风活动和以诗词为内容设计的墙壁文化，使整个乾和祥渗透着茶的香，和拌着诗的美，充盈着品茶赏诗的雅。

诚信为本。这既是晋商精神的核心要义，也是为商经营的根本所在。在乾和祥成立之初，王雨生就提出乾和祥做生意的关键是要用晋商的诚信精神管理茶庄，进好茶，卖好茶，不能以次充好，欺诈顾客，自断财路。历经百年风雨的乾和祥，始终要求全体员工把老掌柜的训导萦记在怀，坚决做到时时事事诚实守信。

2. 企业宗旨与经营理念

企业宗旨是："货色高选，杂茶不用，不图厚利，为广招徕。"意思是茶叶必须是高质量的，旁门左道来的茶叶再便宜也不能要；乾和祥做生意不图厚利，也就是不牟取暴利，关键是能把顾客招来，有顾客来，就不愁生意做不好。企业经营理念沿用老掌柜留下的"十六字"规矩，即："货色正路，偏路不贪，新法熏窨，香味弗变。"王雨生曾一再强调，进店之茶必须是正路来的（如同现在的茶叶要有 SC 认证），来路不明的茶叶不能进店；要始终不渝地按规矩熏窨，保证花茶香味不变。

作为百年老字号，乾和祥始终不渝地秉持企业宗旨和企业经营理念，尤其是在改革开放以后，在太原市供销社党组的支持和指导下，不断改革经营模式，不断进行技艺革新，进一步健全企业规章制度和商品质量控制体系，规范完善进销存物流流程，把企业由前店后厂的茶叶经营商店，逐步转化为"质量核心+基地+连锁直营店"的现代化经营体系，即：以大师工作室为质量核心；以库房为周转、加工、配送基地；根据所在地消费者需求，建立特色经营为主的连锁直营店。同时，乾和祥不断拓展市场，积极探索和实施网络营销、体验式营销、情景式营销等新的营销模式，以期与时代同步发展。例如，充分利用现代媒介和手段开展公益性宣传，开设了以门店营业员为主播的抖音账号，用朴实的语言进行抖音直播，既给粉丝分享茶叶知识，也与老茶客进行线上互动；与此相关联，在每天的直播之外，还通过不断拍摄企业短视频并发送至抖音与微信号平台，强化企业宣传。又如，在美团开设销售账号，进行相应的营销活动，2023 年 2 月成为太原市迎泽区茶馆好评榜第一名。通过开展各种线上活动，2023 年被《中华合作时报·茶周刊》全媒体中心评选为年度全国 100 家茶企第 61 名。再如，在经营品种上，不仅选择增加新的销售品种，而且有针对性地增加了年轻人喜欢的饮品。通过半年时间，研发出热泡与冷泡原叶茶五个品种，于2023年5月以公益价格推向市场后，获得消费者的喜爱和热捧，在小红书上经常能看到年轻人的打卡和介绍，喝乾和祥杯杯茶成为游钟楼街的必备打卡项目之一。

另外，需要着重说明的是，为了传承历史文化和弘扬晋商精神，也为了更有力度地提升乾和祥的社会知名度和影响力，企业开启了乾和祥茶庄新的文化历程，主要是沿着两条线来展开。其一，通过中华老字号非遗技艺"五进"活动，扩大对企业和商品的宣传。例如：通过中华老字号非遗技艺进社区，参加各种展会活动；通过中华老字号非遗技艺进医院、学校，把乾和祥的非遗技艺讲解给广大消费者；等等。2024年上半年，总共进社区40次，参加展会6场，进医院、学校5次。其二，经国家万里茶道申遗办、山西省文物局审核，乾和祥被列入万里茶道世界物质文化遗产审核点。为了迎接有关考察验收，企业正在进行大量的相关准备工作，包括企业历史文化的挖掘整理，以及"活态化"的展示与再现等。比如，2024年9月28日，乾和祥茶·类博物馆（见图1）正式开馆，并由太原市文物局授牌。博物馆将乾和祥百年遗存老物件与图片展示出来，从而既进行物质文化遗产项目的宣传展示，又增加一个集茶文化、休闲体验于一体的综合实体。

（二）企业形象文化

1. 乾和祥的字号文化

乾和祥在建店之初，外立面上悬挂着天津著名书法家华世奎所书"乾和祥"

图1　乾和祥茶·类博物馆

三个字的牌匾，并用瓷釉彩砖镶砌而成，大气恢宏，厚重有力（见图2）。该字号于20世纪60年代一度弃用，后于20世纪80年代重新恢复使用，并请山西著名书法家虹川先生亲笔手书字匾，整个牌匾苍劲有力，洒脱飘逸，是现在注册商标所用的字号标识（见图3）。

图2 华世奎题"乾和祥"牌匾

图3 "乾和祥"注册商标

"乾和祥"三个字内涵丰富，寓意深刻。乾乃天，和即和合、和谐，祥为吉祥，总体意为在祥和的氛围中经营茶叶生意，方可天长地久。同时，"乾和祥"既寓含着中华文化中"天人合一"的哲理，也就是大自然与人、人与人之间的和谐；又代表着老百姓对美好生活的向往与祈愿。

2. 龙团凤髓与乾和祥"两绝"

在"乾和祥"大匾的左右两侧分别挂有小匾，右书"龙团"、左书

"凤髓"（见图4），是建店伊始取北宋贡茶"龙凤团茶"之意而来，寓意本店茶叶经过严格筛选，只取茶中上品经营，也寓意此店既有贡品团茶，又有百姓喝的凤形条茶。

图4 乾和祥门店

乾和祥有"两绝"。一是乾和祥的对联。"乾和祥"牌匾两侧有一副对联，上书"茶采岳巇无双处，庄设香极第一家"。"岳巇"出自西晋文学家杜育《荈赋》中的"灵山惟岳，奇产所钟"，意思是只有灵山毓秀，高大山岳，才是奇物好茶的汇聚之地。"香极"出自宋代江奎的诗句"他年我若修花史，列作人间第一香"，代表着乾和祥的茶和茉莉花香别无他处，仅此一家。二是木制浮雕图。乾和祥店堂的正中央是一幅"地秀天华"木制浮雕图（见图5）。该浮雕运用阴刻与阳刻相结合的手法，寓意阴阳平衡，和谐发展。浮雕反映了茶叶的生长环境以及过程，即吸收天之灵气、地之精华，高山出好茶。匾额和浮雕与店外"乾和祥"牌匾实现了很好的呼应。

图 5 "地秀天华"木制浮雕图

3. 乾和祥的诗意文化

自古文人多饮者,惟有饮者留其名。这既是指饮酒,也包括饮茶。在乾和祥茶庄留下的茶桶上,就发现诸多古人的诗篇,反映了乾和祥的诗意文化。例如:"香气透幽纱,风轻日未斜。午堂春睡迟,拂石待煎茶。"一茶一诗,一朝一暮,让人们似乎又见当年乾和祥茶香拂人的情景。又如:"道心静似山藏玉,书味清于水养鱼。浓茶冲破诗人梦,不窘情思兴有余。"一茶一世界,一书一人生,这是沁在心里的茶文化。还如:"烟光自润非关雨,水藻俱香不独花。乘风玩月舟中乐,旨在新增助兴茶。"从中可以看出茶对诗人的重要意义,人间清欢离不开饮茶,茶已经融入其生活的点点滴滴。再如:"石蹬静张琴,雪泉清泡茗。香出夜已深,月上青松顶。"清幽淡雅的茶香伴随着水雾的弥漫若隐若现,带给饮者的享受已超越一般的饮食功效,仿佛人生永恒的真味,让人流连忘返。

现如今,乾和祥的诗意文化在传承中不断丰富,集中的表现就是前已述及的桃园诗社乾和祥茶庄采风活动和以诗词为内容设计的墙壁文化。

(执笔人:王凯霞、谢振芳)

广誉远何以誉广远

——广誉远传统文化与现代管理融合实践

山西省广誉远，是一个拥有近500年历史的中医药品牌企业，其发端可以追溯到明朝。如今，广誉远既是山西省医药行业的中华老字号，也是传承与发展中医药文化的典范，坚持"精选道地药材"，秉承古法炮制技艺，坚守"诚信、勤奋、坚韧、团结"的企业文化，不断弘扬精益求精的工匠精神，拥有"中华中医药活化石"和晋商精髓"活字典"的美誉。

一、历史沉浮："中华中医药活化石"的传奇篇章

字号的起源：明嘉靖年间的辉煌起点。广誉远的历史可以追溯到明嘉靖年间，其字号初始为"广盛号"。其历史的开端，源自嘉靖皇帝对方士邵元节和陶仲文所制丹药的青睐，名为"龟龄集"的丹药因有助皇帝繁衍子嗣之功效而声名大噪，遂成为内宫御用圣药。之后，龟龄集的处方及炮制方法辗转落入山西太谷的杜家，杜家后人与名医石先生（名不可考）合作开设医馆"广盛号"，并炼制龟龄集，将这一秘方发扬光大，为广誉远的诞生奠定了坚实基础。

字号的发展：从清至民国的辉煌历程。自清嘉庆年间起，广盛药店逐渐转为广升药店聚记（广升聚），通过合股经营与在多地设立分号，迅速成长为全国药材批发巨头。此后，广升聚不断发展壮大，分蘖为广升蔚与广升远，后者凭借创新药物与科学管理迅速崛起，成为行业翘

楚，业务遍布全国各地及南洋一带。

字号的危机：近代中医药事业的困境。自1934年起，随着西医西药在国内的迅猛发展，中医中药陷入了前所未有的困境。广升远虽努力维持运营，但商业环境的恶化以及连年战争的影响使其生存根基不断被削弱。及至1947年，广升远已步入生死存亡的边缘。

字号的重生：中华人民共和国成立后的凤凰涅槃。中华人民共和国成立后，广升远等百年老店获得新生。在国家政策的支持下，广升远聚焦中成药生产，业务蒸蒸日上，正式转型为制药厂，并通过公私合营、建立新厂、引入科研力量等一系列举措，实现了历史性跨越，重新焕发出勃勃生机。

字号的转型：新时代的创新与发展。进入新时代，广誉远加快转型步伐，通过改制、重组、建设中医药文化产业园等措施，不断提升企业竞争力。同时，广誉远加强科研创新，推动传统中药现代化发展，阔步迈进高质量发展新阶段。

二、传统文化在企业传承中的"守"与"扬"

中药在我国古籍中称为"本草"，有"药医百种病，问药先问心"之说。"中"加"心"，构成"忠"字。如前所述，广誉远历经沧桑，几度沉浮，发展到今天实属不易。我们认为，广誉远不仅数百年不倒，而且声誉益加广远，究其缘由乃在其立企固企治企之根本，即以优秀传统文化与技艺作本心、作内核、作支撑。坚守优秀传统文化与技艺，正是广誉远对前贤智慧的"忠"，也是广誉远对祖传文化与技艺的"忠"。

诚信为本，尚义重誉。"济生拔萃，志在活人"，是广誉远尊崇的堂训；"视信义为商人处世立业之本，抓机遇作经商灵活变通之法"，是广誉远的经营之道。广誉远始于明、兴于清，正值晋商空前繁荣之时，因而其文化基因中深深烙入"以义制利"的经营理念和"诚信、进取、坚韧、敬业"的文化精髓，这也正是其驰骋商场数百年而不衰之根基所在。

广誉远前身各字号均以诚信尚义为商业经营的道德规范，并沿袭成风，在商界享有很高的声誉。以广升远为首的太谷广帮，曾一度把购销进口南药作为业务重点。他们购销药材讲求质地，取质择优，常常不惜重金购买质量上等的药材，逐渐赢得了"道地药材"的好口碑。当时，在禹州和祁州药材市场上，只要是由太谷广帮药店特别是广升远购买的药材，或是货面上标有"远"标记，买主就不再查验货物。那时候，每年禹州和祁州药材市场的开盘，常常是由太谷广帮的首席广升远来操持，特别是砂仁、豆蔻之类的大宗货物价格的开盘。时至今日，这种诚信为本的经营理念依然是广誉远不变的信条。

与时俱进，勇于进取。广誉远始创于明嘉靖年间，历经广盛号药店、广升聚、广升蔚、广升誉、广升远、广升裕、广源兴、山西中药厂、山西广誉远等十几个商号药厂更迭。早在民国时期，广升远就已有较强的商业广告意识，其在《太谷星期报》上刊登的广告，至今保留。在民国时期广源兴品牌宣传的印刷品上，则有"山西广源兴药行，炉升龟龄集，妇科定坤丹，中央经济部商标局注册，广东卫生局化验专售，冒效必究，惠顾诸君请认商标及卫生局化验证以免无耻之徒利欲熏心，伪冒影射有碍食者健康，用时当心注意。本主人谨识"等文字。广升远民国时期的商标是一幅福禄寿图，图的最上方有"注册商标"四字，下面有商标说明文字："本庄销售此药应有年矣，早蒙士商见信，中外驰名，故于民国九年呈请内务部经令卫生试验所化验，与原方相符，药皆纯正，照准立案，合行销售，复蒙农商部准予注册登录福禄寿商标为记。"这也说明当时企业已经结合时代要求，对产品开始进行商标注册和检验。

广誉远的产品关乎人命,所以广誉远从不取不义之财。但倘若是既合乎道义又利于治病救人,则广誉远对任何机遇都要放手一搏,风险再大的利益也要争,也敢争。这实际上也从另一个侧面反映了广誉远的诚信进取精神,至今也仍是商界的美谈。

修合之要,道地药材。使用道地等级药材是广誉远的传统,也是特色,如人参、鹿茸用东北药材,三七用文山三七,生地用"怀地黄",当归用"岷当归",枸杞用宁夏枸杞。为保证产品的高品质、高疗效,广誉远在国家规定的质量标准上,建立了更为严格的企业内控标准。例如:鹿茸使用三岔二等以上;红参使用32支以上的边条参,生长期五年以上。大家知道,当今中药材市场呈现分化趋势:一方面,家种品种种植不断扩大,供大于求,价格虽整体下降,但质量无法确保;另一方面,道地优质药材资源急剧减少,供不应求,价格不断上涨,部分品种的涨幅更是惊人,如每千克牛黄由2023年的50万元涨到2024年的200万元,每千克蜻蜓由2019年的不到1万元一度攀升至7万多元。即便如此,广誉远一直顶着涨价压力,始终不降低用药标准,从源头上确保了产品质量,从而也保住了制药人的良心。

古法炮制,匠心传承。自龟龄集的生产与医用实践开始,广誉远就以不断代的传承,完整地保留着传统中药最本真的制作理念、要求及技艺。应该讲,随着时间的推移,有些技艺在大多数企业已泯然无踪,但在广誉远却日益成熟、日臻完善。为原汁原味地传承发展这些中药的制作精粹,广誉远在传承技艺的同时,严苛地传承着古法的礼规,例如:陈醋需10千克晒至0.5千克;阳土需选东壁土晒制三年以上;地黄要经过九次蒸晒;姜炭的制作采用最古老的制法。这种在骚动的市场中仍能泰然处之,冷静把握,不曲意逢迎,不见异思迁,始终如一的坚守精神,才是广誉远的优秀传统所在。

代代传承,辈辈坚守。传承是中医药发展的根和魂,没有传承,中医药就没有了根,也失去了魂。广誉远所传承的以"天人合一"为理论指导的经营理念、制作技艺、独特产品及"治未病"的养生思想,不仅系统、完整地汇集了中国古代科学成果,也凝聚着中国古代哲学的智慧,还承载着中华文明的传统基因。这些中医药文化的精髓,今天依然"活"在制药师傅们的手上,并依靠一代又一代的广誉远人,心传口授,薪火相传。比如,大多数广誉远人在一个岗位一干就是40多年;再比如,在广誉远不乏父子、师徒在同一个岗位接续工作几十年的事例,常听说父辈干了40多年,他们的晚辈和徒弟也已有20多年。正是这样,广誉远的传统制作技艺才能"原汁原味"地一脉传承,其"如法制作"才能得以保证。

三、传统文化在现代管理中的"融"与"兴"

实施文化传承保护,形成以文化为核心的优势资源体系。通过对丰厚的传统历史文化资源的挖掘、继承、保护和发展,广誉远逐渐形成了独具特色的"12345"优势资源体系,即一个中华老字号称号、两个国家保密品种、三项国家级非遗项目、四大精品产品、五百年历史文化。截至2024年,企业拥有104个传统中药的批准文号,其中独家产品9个,包括定坤丹水蜜丸、定坤丹口服液、龟龄集、加味龟龄集酒、小儿清热化积散、八宝玉枢丸、麝雄至宝丸、三鞭温阳胶囊、牛黄西羚丸。国内国外注册商标229个,"远字牌"商标为国家驰名商标。拥有授权专利26件,其中发明专利4件。另外还有保健食品"远字牌龟龄集酒",食品"龟龄露酒"和白酒。

建立中药追溯体系,全产业链打造高品质中药。以"道地药材和古法炮制"为基石，广誉远恪守"修合虽无人见，存心自有天知"等堂规古训，通过上游建设林麝、梅花鹿等珍稀动植物种养基地、中药饮片基地，中游建设中医药传承基地、生产基地、科研基地，下游建设100家国医馆、1000家国药堂等实体文化传播与体验基地，建立从源头到终端的"中药可追溯系统"，实现"全产业链打造高品质中药"，以切实的疗效和中医药服务，构筑支撑中医药文化自觉和文化自信的品质信仰体系。

加大科研创新，推动传统中药现代化发展。围绕高品质中药战略，广誉远高举学术大旗，不断加大科研创新力度。几年来，一是先后成立了山西大学广誉远药物研究院、厦门大学医学院-广誉远中药股份有限公司联合实验室、广誉远-上海中医药大学联合实验室、广誉远-中国药科大学联合实验室；二是与山东省农业科学院生物技术研究中心合作成立了中药DNA溯源技术实验基地，与北京协和医院、中国中医科学院西苑医院、空军军医大学唐都医院、中国中医科学院广安门医院等建立了临床研究基地；三是2018年，广誉远投资1.9亿元的科研大楼建成使用，同年成立了山西广誉远中医药研究院，建成省级企业技术中心、省级工程研究中心、省级重点实验室等创新平台，通过对传统医药的系统研究，充分发挥中医药优势，促进山西省大健康产业发展。

以文化为引领，实施全媒体打造广誉远高品质中药品牌的战略。广誉远通过借势央视、电视植入、户外广告、自媒体推广、开展高品质线下活动、国际交流等方式，进行中医药文化和企业及产品的信息传播，产生了矩阵式传播效应。其中，借势中央电视台（《国宝档案》）、江苏电视台（《非诚勿扰》《新相亲大会》《本草中国》）、浙江电视台、北京电视台（《非凡匠心》）等大平台，实现品牌的快速传播。开展"千人制药成功挑战世界吉尼斯"、"深圳地铁姨妈专列"、"广誉远号"高铁专列冠名、寻找"最美执业药师"等活动，有效提升了企业形象及品牌力度。

活态传承，重塑中医药文化自信。2013年起，广誉远在全国范围内启动实施"百家千店"工程，即在全国各大中城市建设100家国医馆、1000家国药堂，进行精品中药的直销及品牌在各地的"根植"深化，并通过实体体验方式，进行中医药文化的实体传播。截至2024年1月，该工程已经覆盖全国23个省（自治区、直辖市）、67个城市，开店300多家。

以精品中药，打造国家名片。广誉远通过精选原料，采用传统独特技艺炮制，推出精品龟龄集、精品安宫牛黄丸、精品牛黄清心丸、定坤丹口服液、精品龟龄集酒等系列精品产品，引导经典国药价值回归，推动高端养生和礼品产业发展。可以说，广誉远的精品中药已作为我国国际交往中的"国宝"礼品，成为一张走向世界的国家名片。

互联网+，建立O2O电子商务模式。顺应时代潮流，广誉远在京东、天猫、1号店、央视网商城及中国工商银行融E购等平台开展电商业务，进行现代营销模式的创新。同时开设杏林壹号App，与线下遍布全国的广誉远国医馆和国药堂构成中医药服务O2O双流量入口，致力于成为依托互联网开展"中医问诊、专家预约、照方抓药、健康管理"的中医药综合服务提供商。2017年，广誉远互联网+中医O2O服务项目获批工信部信息消费试点示范项目。2022年，广誉远推动数智化发展，通过ERP系统建成覆盖生产、客服、仓储、采供、财务、人事、办公等部门及领域的管理体系，实现物流、资金流、信息流和工作流的高度统一与并行运作，并通过网络化形成敏捷产供销链系统，实现企业内部信息的充分交流以及企业与外界的高效联系。

建设广誉远中医药文化产业园，推动企业多元化发展。为了重塑和展示百年老字号风采，广誉远于 2015 年启动广誉远中医药文化产业园的建设，该产业园总占地面积 500 亩，全部建成后将成为我国重要的中医药文化传承基地、教育基地、养生基地和旅游基地，并将与平遥古城、五台山等旅游胜地南北遥相呼应、深度互动，融入山西省佛道儒三位一体的朝圣之旅、养生之旅和晋商文化之旅的大旅游体系，进而打造国际化的中医药养生文化旅游路线，推动企业在产业、文化、旅游、养生方面的多元化发展。

总之，在新时代、新征程中，广誉远不断探索和实践，将中医药文化与中华优秀文化、传统工艺和现代科技相融合，不断在传承中创新，在变革中前行，成为推动中医药文化复兴和中华优秀传统文化在现代企业管理中活化传承与创新发展的重要力量。

（执笔人：郭长风、郭非）

老树新枝，青春勃发

——兼议益源庆经营管理的"经权"观

益源庆是一家历史悠久的老字号企业，其发端可以追溯到明朝初年专为开国皇帝朱元璋之孙宁化王朱济焕府上制醋的王府作坊。同时，益源庆也是一个有着百年以上历史的食醋品牌，其产品以口感独特、质量优良而著称。经过六百多年的技艺传承和岁月洗礼，尤其是近几十年来，随着生产技术日益更新、经营模式渐次迭代、现代元素不断融入，益源庆的生产规模和经营范围稳步扩大，产品质量和社会美誉度进一步提高，焕发出勃勃生机，被商务部确认为首批中华老字号企业。益源庆老店手绘图如图1所示。

图1　益源庆老店手绘图

一、蒙恩皇胄史，今日辉煌业

说到"益源庆"，就绕不开"宁化府"。据史料记载，宁化府始创于1377年，是从一个名号为一元庆的小作坊发展而来。1404年，成为明太祖朱元璋之孙宁化王朱济焕的王府作坊，当时主要负责为王府磨面、酿酒、制醋等。清同治八年（1869年），将字号更名为"益源庆"。因此，人们一般认为益源庆醋源于皇室宁化府，于是就说益源庆是宁化府益源庆。1956年公私合营后，益源庆经过历次变革，在1997年由一个国有商办工业企业改制为股份制企业，创立了现在的太原市宁化府益源庆醋业有限公司。现如今，益源庆和宁化府都是太原市的著名商标和历史文化名片。有诗赞曰："小巷驰名凭店古，老醯雅号藉酿陈。"

"益源庆"自1993年被原国内贸易部认定为中华老字号、2006年被商务部认定为中华老字号以来，始终秉承"老老实实做人，实实在在制醋"的企业精神，以传承、创新、发展老字号为己任。在各级政府和有关部门的支持下，经过全体员工的共同努力，企业经济效益逐年提高，益源庆品牌更是声名远播。益源庆的标志性荣誉有：企业连续多次通过国家QS认证和复检，"益源庆"商标连续16年被认定为山西省著名商标，2012年4月被认定为中国驰名商标；2012年8月，"宁化府"商标被认定为山西省著名商标；企业多次获得山西省名牌产品、产品信得过企业和历年的纳税先进单位等多项殊荣；2011年6月，经山西省文化厅专家组评审，"益源庆"宁化府老陈醋酿制技艺被列为山西省非物质文化遗产予以保护；2014年7月，宁化府网标获得国家版权；2015年4月，宁化府益源庆历史档案被列入第四批中国档案文献遗产名录；2016年8月，新型酿醋熏醋燃气烘烤炉及其酿醋熏醋方法取得发明专利；2022年9月，《酸香天下：益源庆醋文化史话》出版发行。

二、效宗不泥古，革新不忘本

山西人爱吃醋，民间流传"山西自古酿好醋，好醋还是宁化府"。尤其是每年一进腊月，天刚破晓，男女老少就冒着严寒，前来排队打醋，这已成为龙城一道亮丽的风景。外地游客或市民每次经过宁化府门前，总会闻到浓郁的醋香，让人恋恋不舍，不忍空手离去。

益源庆从昔日的王府作坊发展到今日的中华老字号，其老陈醋酿制技艺已成为山西陈醋酿造工艺的代表之一，益源庆也是山西采用全固态发酵工艺（纯高粱双固曲法酿醋）的非物质文化遗产单位。从原料处理、酒精发酵、醋酸发酵到熏醅、淋醋、陈酿，这项始于600多年前的工艺操作规程，被一直严格遵守到今天，从未改变。依托其独创的酿制技艺，加上以忻州、晋中一带产的优质高粱为主料，借助用大麦和豌豆制成的天然大曲菌群与自然气候，经过24天左右的微生物全固态自然发酵，方可酿出香酸甜绵的醋来。老陈醋之所以"陈"，是因为在淋出原醋的基础上还要经过一个夏伏晒、冬捞冰的陈放过程，陈放时间为一至数十年。百年来酿醋的经验表明，陈酿一缸新醋，除去一半以上的水分后，便能达到颜色黑紫，过夏不霉，过冬不冻，醋才能达到高浓度。可以这样讲，益源庆的曲法酿制技术深层次地将香酸甜绵融为了一体。

益源庆从来不盲目追求高出品率，而是讲究精益求精，注重醋的色、香、味、体态。益源庆酿出的醋色泽红棕，味道清香，醋液浓稠，酸味醇厚，回味绵长，产品久贮不变质，形成了益源庆醋香酸甜绵的独有特色。益源庆依托老店悠久的历史，秉承传统精湛的工艺和科学创新的精神，生产的产品传承了名醋香酸甜绵、回味生津的独特风味。可以讲，时代在变，但益源庆对品质的坚守唯独不变。

《荀子·非十二子》曰："宗原应变，曲得其宜。"在坚守传统的基础上，益源庆持续创新，设计研发了30多种高、中、低档的新品，包括双喜醋、兰贵人、飞龙在天、将军醋等一批富有文化内涵的产品。并且运用中国元素，如剪纸、水墨、泥塑等，以时尚健康为主题，打造了系列产品，将醋的食用价值、药用价值、保健价值和醋文化与消费者的生活方式完美结合。企业经营范围也由经营单一的调味醋为主，扩大为经营7个大系列80多个品种。企业产品系列具体如下。①宁化府名醋系列，系益源庆的传统产品，具有香酸甜绵的风味和不含防腐剂、久存不变质的特点，是各种系列产品的基质。②宁化府陈醋系列，系以名醋为基质，经过半年以上夏伏晒、冬捞冰的陈酿过程酿制的食醋。③宁化府熏醋系列，系益源庆的特色产品，是在淋醋的工序中适当调大熏醅比例，淋制而成的产品。④宁化府老陈醋系列，系以名醋为基质，经过一年以上夏伏晒、冬捞冰的陈酿过程酿制的食醋。⑤宁化府保健醋系列，系以名醋为基质，配以各种营养成分酿制，不含任何添加剂、防腐剂，长期大量饮用有降压、降脂、美容、减肥的作用。该系列的产品包括淑女美媚醋、保健醋及宁化府银杏果仁苦荞醋。⑥宁化府文化醋系列，系以老陈醋为基质，经过一年以上夏伏晒、冬捞冰的陈酿过程，再调入一定比例的蜂蜜酿制而成的调味品。该系列的产品包括十二珍醋、山西人家醋、王府宴醋、中国红老陈醋、黄土地醋、全家福老陈醋、王府世家、和为贵、中国风、双喜醋、将军醋等。⑦宁化府组合系列，包括小四味醋、精品四味醋、风味醋、六味醋。

此外，为满足年轻消费者的需求，企业还研发了宁化府醋糕，醋不再是流动的液体，而是转变成固态、酸甜可口的醋糕，面积小、易携带，还开胃解腻。醋糕有沙棘醋糕、枸杞醋糕等不同口味，在功效上将陈醋的开胃消食与沙棘的止咳化痰、枸杞的美容养颜相融合，一经上市便成为一款网红食品。

三、承古训衣钵，铸当代心魂

对于益源庆这样的老字号来说，伴随着国酿传承、晋醋衍变，其本身就蕴含着丰富的中华优秀传统文化，有着几百年根脉带来的精神财富与制胜法宝。可以讲，凭此一点，益源庆就独占他人无法企及的竞争优势。多年来，益源庆守初心、担使命，坚持以传承、发展老字号文化为己任，在挖掘、整理企业优秀传统的同时，结合时代特征和企业发展现状，创造性凝练出承古育新、含义隽永的特色文化体系，具体如下。

企业愿景：铸千年健康食醋品牌。

企业使命：精酿健康食醋，成就品质生活。

企业核心价值观：诚信、品质、传承、创新。

广告语：（1）宫廷御醋，世代相酌。

（2）王府贡醋，酸香天下。

（3）吃醋就想你@"宁化府"。

需要着重指出的是，"老老实实做人，实实在在制醋"，是益源庆遵循和倡导的道德准则，也是几百年积淀下来的企业文化精髓。

此外，企业以CI形象设计塑造企业外部形象，以创新理念激发员工创新、创造的积极性，并将企业精神贯穿于企业的整体运作中，同时申请注册了九个防御性产品商标、一个企业标识（Logo）、一个网标（Logo与二维码的组合），并对网标进行了版权保护，取得了较好的经济效益。与此相关联，企业特别注重职工收入和福利待遇问题，在保证职工五险一金的同时增加了企业年金、补充医疗，职工收入达到了同行业的领先水平，为稳定职工队伍和提高企业效益打下了坚实的基础。

我们认为，益源庆的企业文化体系体现着浓厚的"经权"观。"经权"观是我国古代一个重要的辩证管理思想。"经"是指"变中不易的常理"，即经营管理中应该坚守和遵循的原则、古训；"权"是指"应变的权宜"，即根据时空和态势的变化所体现出的灵活性和机动性。益源庆本着"经权"管理思想，执经达权，并力求做到"通权达变"，在继承传统技艺，保持产品风味特色的基础上，不断加大科技含量，坚守诚信、务实、保质、创新的企业精神，坚持秉承传统工艺、酿制食醋精品的企业宗旨，在激烈的同业竞争中逐渐发展壮大。益源庆醋以纯粮酿制、不添加任何防腐剂、"香酸甜绵、久存不腐"的产品特质赢得了口碑。同时，企业在创新发展过程中始终坚持以质量为根本，以"精酿健康食醋，成就品质生活"为企业的信仰和使命，经过不懈的追求和坚持，慢慢得到越来越多的新老消费者的认可和追随。

四、老品牌新出路，老字号新经济

孔子曾说过："我则异于是，无可无不可。"在企业生命周期理论中，将百年以上的企业称为永续型企业。应该讲，任何一个永续型企业，历经百年而不倒，必有其基业长青的秘籍。我们认为，益源庆获得永续生命的秘籍，就在于其经营管理中巧妙的"经权"之道：一方面是坚守精湛的传统技艺，将产品品质作为不变的追求；另一方面是不断创新与转型升级，即在每一个历史转折阶段，以超常的作为去适应各种变化，寻找突破，求得发展。

（一）开辟宣传新途径，增加品牌曝光度

近年来，企业在媒体整合、广告创意、新产品开发方面都有一定的开创性突破。特别是在媒体选择方面，不墨守成规，把眼光聚焦于受众云集的新地方，例如：宁化府携手中央电视台做品宣；在全国几百辆公交车上投放广告；在大量的停车场入口自动闸门和楼宇投放广告；在北京、杭州、石家庄、济南、太原等人流量较大的高铁站和北京机场投放大型LED显示屏广告。通过这种方式，极大地提升了企业和产品的知

名度和美誉度，把宁化府益源庆品牌推向了全国。

当下社会，大众化休闲旅游迅猛发展，"坐着高铁看中国"已成为一种旅游新方式、新时尚。基于对这种新变化的认识，企业迅速投入力量，大胆进行广告创意。2023 年 11 月，企业在太原南站举行了"宁化府号"高铁列车冠名启动仪式，并且在进出站口、列车车身、车厢内枕巾、小桌板、海报、行李架等地方都设有品牌广告，不仅让宁化府益源庆的广告映入每一个乘客的眼帘，而且让宁化府益源庆进驻旅客的心田，成为旅客心中流动的风景和伴行的驿站。列车启动后，在车厢内还有旅客互动环节及礼品派送活动。总之，"宁化府号"高铁列车开通后，通过高铁媒体构建的全方位、沉浸式传播环境以及长时间、高频次的品牌曝光，卓有成效地对企业从产品维度、社交维度、文创维度进行了立体化展示，大力度推动"宁化府""益源庆"品牌走近并融入普罗大众。

（二）擦亮金字招牌，发展品牌经济

老字号品牌不是"铁饭碗"，不是终身制，只有顺应市场趋势、不断推陈出新、更好地满足消费需求的老字号企业才能永续发展。

因为益源庆酿制的醋深受当地消费者喜爱，又一直坐落于太原市桥头街宁化府巷 60 号，所以益源庆醋被太原人称为"宁化府醋"。改革开放后，为了更好地宣传"益源庆"，同时顺应消费者将"益源庆"俗称为"宁化府"的习惯，企业在宣传过程中一般都采用"宁化府"和"益源庆"同时出现的形式。

2022 年，企业成立了品牌建设委员会，推出了新的企业价值观、使命和愿景，并通过网络向全社会征集广告语，共收到三千多人的投稿。经过几轮筛选，评出了获奖作品，并最终确定了新的广告语。实际上，征集广告语活动本身就在一定程度上对企业品牌起到了传播和推广作用。与此同时，在政府的带动下，企业还参加了"品牌丝路行""品牌中华行""品牌社区行"等活动，并参加了多届在全国有影响力的展会，如全国糖酒商品交易会、中国国际进口博览会、中国进出口商品交易会等。

截至2024年，企业共举办了四届"腊八醋文化节"。该活动是企业引领醋行业进行探索和创新的一次重大活动。活动中，不仅对新老顾客开展了馈赠活动，还结合人们腌腊八蒜的传统习俗，组织了剪纸、民乐、变脸、舞狮、戏曲等一系列传统文化表演，在宣传中国传统文化的同时，丰富老百姓的生活，让老百姓真正体会到老字号企业对顾客的关爱和回馈，以实际行动回应"中华老字号好不好，百姓说了算"。甲辰龙年（2024年）七月初七，宁化府举办首届"醋粉节"，借助中国传统情人节"七夕"，以品尝、互动、参与、奖励等形式，吸引年轻一代消费者。这样，宁化府每年就有了两个重要且相对固定的活动节，即"腊八醋文化节"与"醋粉节"。

此外，围绕着老字号品牌，企业还组织了抖音大赛活动，带动所有职工和经销商参与，引导新媒体逐步介入；利用抖音、快手小视频和直播进行趣味营销，使营销路径丰富化；在新媒体上进行教育营销，将醋的营养价值和各种吃法进行知识性推介，让老百姓认识到醋不仅是调味品，更是营养保健品；等等。益源庆广告如图2所示。

图2 益源庆广告

（三）创新营销策略，变革营销模式

近年来，企业制订了"1114 工程"计划；开设以经销商为主体的专卖店，并加强对老旧专卖店的升级改造；联合京东、天猫、微信等一些线上渠道进行销售，快递到家；与抖音结合，发掘 95 后客户，把企业带进网红达人直播间，全新发展线上模式，通过将新模式与老传统相结合，让老字号企业焕发新魅力。

1. 元宇宙

先行一步，往往领先一路。益源庆作为百年老字号醋企业，抓住机遇做时代和行业的先行者，推出醋行业首款数字藏品。2022 年 5 月 20 日，宁化府益源庆第一期 NFT 数字藏品"爱吃醋的小王爷"公开发售，3000 枚创世勋章、5200 份数字藏品以惊人的速度售罄。顺应市场的需求，第二期数字藏品"醋千金"于同年 6 月 18 日发行。无疑，数字藏品具有收藏价值、商品价值、流通价值和未来价值。

元宇宙、数字藏品（NFT）这些概念描述了一个平行于现实世界的始终在线的虚拟世界，从某种意义上说，它们是人们探索内心世界需求的一种可能路径。不想踏空的年轻人，很快接受了这些新的概念；不愿意被时代洪流抛弃的中老年人，也慢慢开始了解和尝试。NFT 具有可验性、唯一性、不可分割性和可追溯性等特性，可以用来标记特定资产的所有权，一张图片、一首歌、一段视频甚至一个头像都可以与一串代码"擦"出火花，身价发生几何倍数的暴涨，突破现实世界的认知。

每个时代都有英雄，每个行业都有先行者。元宇宙作为一个新兴的业态，蕴藏着技术创新的蓬勃活力，为"宁化府益源庆"非物质文化遗产价值与现实世界、虚拟世界的深度融合提供了平台。

2. 醋卡

近几年，企业陆续推出了多款醋卡。醋卡是晋商文化的传承、山西票号文化的延伸，是装在口袋里的山西特产，让旅途不再负重，让礼尚往来有惊喜。醋卡在一定程度上激活、释放了传统文化中的活力、魅力，让老字号展现出新的姿态、气势，让老百姓觉得宁化府醋大气、贵气，让产品具有时代性和可链接性。

3. 专卖店建设

2022年，宁化府制订了"1114工程"计划，以太原为核心，以山西为中心，以专卖店为主线，东征西进，南展北扩。专卖店的建立可以让企业的产品有一个更好的展示场景，同时搜集一些市场的反馈信息，了解消费者的需求。另外，专卖店打造了统一的终端销售模式，让经销商真正参与到品牌建设中来，扎根品牌，增强使命感，强化服务意识，让市场操作更规范。同时专卖店的建立对于假货也有一定的遏制作用。目前在全国已建立专卖店100余家，此项工作还在紧锣密鼓地进行中。

4. 增加城市间的互动

千里送陈醋，礼轻情意重。柳州和太原都是历史文化名城，当年山西柳宗元被贬为柳州刺史，在当地政绩颇丰，深受柳州人民爱戴。基于这一古代交往史实，2024年3月，两市企业开展了宁化府醋与柳州螺蛳粉互动活动，让柳州人民品尝到了健康美味的宁化府好醋。各大媒体对此次活动都进行了报道，既拉近了两座城市的距离，传达了"万里尚为邻"的温情，又打开了宁化府醋走出娘子关、走向省外的通道。

以上这些大刀阔斧的举措，开辟了宁化府益源庆市场营销的崭新局面：利用短视频、直播带货等方式进行天网传播；利用传统直营店、专卖店、经销商店面进行地网的体验和转化；利用私域流量及人际交往的人网进行裂变和分享。从本质上说，企业是在用天网、地网、人网织就一个强大而有力的营销新网络，是在用创新的形式和工匠精神为传统企业和文化赋能，是在用洪荒之力推进"铸千年健康食醋品牌"的美好愿景早日实现。

总之，益源庆饱经风霜而挺拔屹立，历经沧桑而生命矍铄。漫漫创业兴业征程，既镌刻了先辈人栉风沐雨的奋斗足迹，又展示了继承者勠力前行的豪迈步伐；既承载有中国古代管理思想精华的创造性转化，又呈现出今人传承传统文明的创新性发展。我们属望：益源庆老树新枝，青春勃发！

（执笔人：王博、赵竹青）

数字化转型的晋商新秀

——兼议山西智杰创新活力的"智"

山西智杰软件工程有限公司（以下简称智杰或智杰公司）从2007年成立开始，历经十几个春秋的艰难跋涉和大力拓展，克服了创业与奋进中的各种困难，从无到有、从小到大、从弱到强，业务从少到多、从点到面，凭借其独特的核心竞争力，以山西为原点，将业务铺展到全国17个省份，成为行业翘楚（见图1）。是什么给予了智杰强劲成长的原动力？又是什么给智杰插上了"专精特新"的腾飞翅膀？我们深入企业进行走访和调研后，深感智杰成功的密码就在于其特有的尚"智"、启"智"、集"智"、明"智"的文化基因。

图1 山西智杰软件工程有限公司

一、从尚"智"起步的数字化成长之路：从新农合到兼容信创体系的全线医疗信息化

（一）艰难创业，从新农合做起

（1）创业初期的两大窘迫问题：资金困难，人才流失。2007年，山西有15个县被列入国家新型农村合作医疗第一批试点单位，当时省内还没有一家公司从事这方面的工作，这让有着强烈尚"智"意识和敏锐市场眼光的企业家韩温，看到了发展的良好机遇。于是，他果敢决策，与合伙人在山西成立公司，搭建了新型农村合作医疗管理信息平台（以下简称新农合信息平台）。初创时期，基层医疗机构信息化基础条件普遍较差，有些单位甚至连电脑都没有。为此，智杰公司的技术人员不仅要帮助配备电脑，还要手把手教村医怎么使用电脑。当时，新农合信息平台所需的初始投资成本和后续的运维费用，对基层医疗机构来说是很大的经济负担。为了打开市场，智杰公司采取了"软件免费，服务有偿"的经营模式。这种经营模式，在解决了基层医疗机构资金短缺问题的同时，却给智杰公司前期的发展带来了前所未有的经济压力。可以说，那时公司的研发基本上没有收入可言，这无疑会影响到职工收入，从而造成人才流失，使公司陷入了创业之初的最大窘境。

墨子说："志不强者智不达。"正是对事业的信心和对公司未来的憧憬，使智杰人在困境中坚持、在逆境中跋涉、在窘境中奋进，以顽强的精神和坚韧不拔的毅力，在技术体系和经营模式上大胆创新，突破一个又一个"瓶颈"与羁绊，把企业带出了发展低谷与泥沼洼地，表现出了当代晋商应有的敢为人先之勇气和开拓进取之精神。

（2）以技术上大胆的创新和突破，解决现实矛盾和问题。智杰公司通过对系统框架、系统模型和细分功能的反复优化与精心设计，成功推出了集中业务和集中数据管理的SaaS模式。在这种模式下，基层医疗

机构无需购买昂贵的硬件和软件设备，仅需支付低廉的订阅费用，就能轻松地使用该信息平台。这一模式极大地减少了基层医疗机构的初始投资成本和后续的运维费用，从而显著减轻了其经济负担。且考虑到基层人员电脑操作水平不高的客观实际，在系统设计时尤其注重操作界面的大众化、简易化，以达到简洁方便、易于使用的目的。

（3）新农合信息平台建设成效。智杰公司的新农合信息平台在山西省太原、忻州、阳泉等8个地市上线运行，用户包括各市县新农合管理部门、医院、卫生院和村卫生室等机构21952家，惠及1493万农村参合人员（此为截至2017年2月的公司统计数据，后来因为政策改变，该平台不再使用）。

引导、示范作用。智杰公司克服了种种困难，建立了新农合信息平台，为新型农村合作医疗信息工作的推进做了有益的尝试，对于全国其他尚未开展此项工作的地区起到了推动、引导作用和新型示范作用。

医疗信息化开发的经验积累。智杰公司新农合信息平台的使用，为合作医疗的管理带来了新的思路和方法，规范了新型农村合作医疗管理中农民参合、农民就诊补偿、农民个人账户结算以及合作医疗基金筹资、预算、分配、结余和基金风险分析等方面的工作。尤其可贵的是，智杰公司的经验积累，既为其他地区提供了信息化开发的学习样板，也为后续软件的深入开发奠定了良好的基础。

取得了良好的社会效益与经济效益。智杰公司在新农合方面的所作所为，推动农村合作医疗工作有序进行，既能确保合作医疗专项基金以收定支、收支平衡，又能使农民享有最基本的医疗服务，具有良好的社会效益。同时，智杰公司的新农合信息平台为农村卫生工作中各类一线数据的采集、整理提供了查询、统计、分析、测算等各种科技手段和方法，提高了效率，降低了误差率，大大节约了人力、物力、财力，降低了农村合作医疗实施的成本，还创造了新的就业岗位，具有明显的经济效益。

《论语·子罕》云："智者不惑。"尽管由于种种原因，智杰公司在新农合方面的努力于十年后止步，但业已成就的事业为公司转而研发县乡医疗卫生机构一体化信息平台和数字化医院，打下了技术创新的坚实基础，积累了宝贵的实践经验。

（二）以兼容信创体系的全线医疗信息化，为山西产业转型赋能

（1）打造数字化医院，助推公立医院改革与高质量发展。推出具有自主知识产权的电子病历编辑器。智杰公司通过建设以电子病历为核心的临床信息系统，建立覆盖门诊、住院、临床决策、手术等业务场景的全流程诊疗支撑体系，满足全院各级用户多层次的应用需求，实现广大医护人员业务处理的信息化。

创建全方位的智杰数字化医院，有力推动医院的高质量发展。构建以患者为中心的医疗信息服务和管理体系，全面覆盖诊断、治疗、管理等环节，帮助医院实现资源整合、流程化，降低运行成本，提高服务质量、工作效率和管理水平，助推公立医院改革与高质量发展，保障医院各类等级评审工作的开展。

通过对多技术的应用，打造数字化医院信息生态圈。即运用云计算、大数据、物联网、移动互联网和人工智能等技术，通过建立互联、物联、感知、智能的医疗服务环境，整合医疗资源，优化医疗服务流程，规范诊疗行为，提高诊疗效率，辅助临床决策和医院管理决策，实现患者就医便利化、医疗服务智慧化以及医院管理精细化。

（2）构建县域医共体，提高整体医疗健康服务能力。整合提升基层医疗服务能力。医共体内各医院实现了数据的整合和共享，达到了医共体连续服务、整体运营、统一管理的效果,提高了县域整体医疗健康服务能力。

纵向整合提高了患者就医的便利性。纵向整合了基层医疗机构、二级医疗机构和三级医疗机构的服务体系,实现了基层医疗机构与县级医疗机构相互转诊,患者可直接获取上级医院号源信息和床位信息,直接挂号转入上级医院门诊或预约登记入院,病历资料、检查数据远程传输,完全共享。

横向整合延伸了服务链条,提升了医疗水平。横向整合基层医疗机构与专业公共卫生机构,建立信息共享与互联互通机制,使基本医疗与基本卫生服务深度融合,形成一条集预防保健、服务、重点人群健康管理于一体的服务链条,有效提升了基层医疗水平,满足了群众的就医需求。

(3)建设医疗集团信息化管理新模式,构建医疗服务新体系。实现集团管理与服务的一体化。通过医疗、运营和信息管理的一体化,实现医疗集团建设的新模式,实现医疗服务一体化的新模式。

对医疗集团内部资源进行整合,统一同质化管理标准,调动集团上下进行联动,打造一体化的健康管理服务,实现"一院注册,多院共享",使患者在医疗集团内获得无门槛无壁垒就诊的体验。

对医疗集团进行信息化建设。通过信息化建设发挥三级医院或专科医院的专业技术优势及带头作用,联合社区卫生服务机构等,形成资源共享、分工协作的管理模式,各单位通过人才共享、技术支持、检查互认、处方流动、服务衔接进行合作。同时,对接区域专科联盟、大数据中心等,实现集团化的外部协作联通。

(4)全民健康信息化与行业治理智能化为深化健康医疗大数据应用提供基础支持。智杰公司以市、县两级平台为基础搭建全民疾控信息平台，进行国产化数据基础设施建设，其数据质控体系完善、规范、一致、及时，做到了全流程数据质控。通过平台的纵向上下级联通与横向联通同级政府部门，深化健康医疗大数据的应用。

目前，公司建设的全民健康大数据平台在国内遥遥领先，产品的成熟度很高、应用体验好。2013年公司通过了国际软件能力成熟度CMMI3级评估，2016年又通过了CMMI5级评估。2018年，公司承建的吕梁市全民健康信息平台通过了国家医疗健康信息互联互通标准化成熟度四级甲等认证。

（5）通过公共卫生数字化，实现以预防为主的健康管理服务。智杰公司通过建立基本公共卫生管理平台、区域妇幼健康信息平台和疾控信息管理平台，推进了公共卫生服务与医疗服务的高效协同、无缝衔接，实现了以预防为主的健康管理服务，使国家更好地对基本公共卫生服务和妇幼保健业务进行管理和监督，对各种传染病、慢性病增加性异常事件做到尽早发现，提升了卫生机构对疾病预防控制的综合管理能力，提升了疾控中心整体的智慧化水平。智杰大数据平台如图2所示。

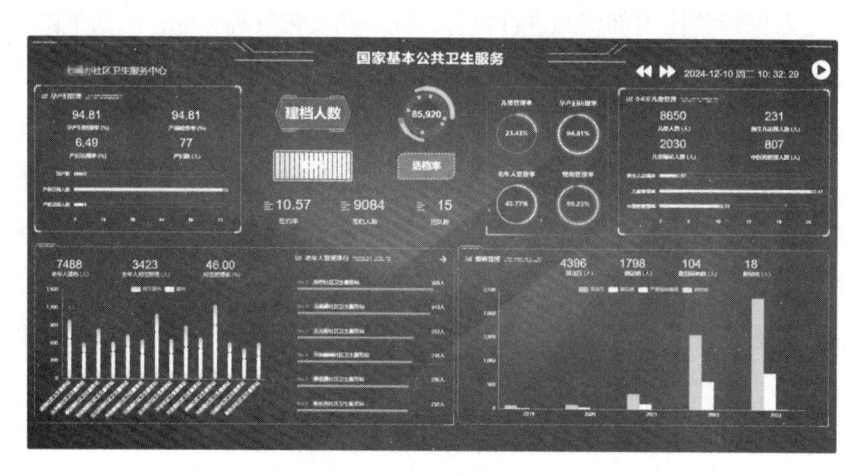

图2 智杰大数据平台

二、学而习之的启"智"集"智"创新文化：始于学习、成于创新的生动实践

（一）秉承尊师重道理念的学习型组织

与一般的生产制造企业不同，作为一个软件开发与运营企业，智杰公司高度关注客户的个性化、智能化、多样化需求。为此，既重视培养员工的创新素质与能力，也重视打造有利于员工发挥个体才能的企业组织环境，特别是不断完善组织功能，以促进个体及团队有效进行创新协调。正是本着这样的认识，智杰公司十多年来从多方面构建学习型组织，如建设企业文化，建立共同的愿景、使命与价值体系，制定各种人才培养规章制度、激励制度，营造有利于学习成长的文化氛围，等等。其中最为独特的做法体现在两个方面，即内部导师培训与外部专家培训。

（1）内部导师培训提高员工的工作能力。公司制定和实施内部导师培养制度，组成一支以中高级软件工程师、系统分析师、系统集成管理工程师、软件测试工程师为主体的兼职培训队伍，每周在公司各部门举行技术、方法、产品的分享培训会。尤其是对新员工，帮助其迅速了解企业文化、价值观和工作环境，提供必要的职业技能和知识训练，使其加速融入团队和组织。

通过培训，为公司员工开辟了直接获取知识的便捷途径，有力促进了新员工的快速成长。而新人的成长、成熟为公司的发展壮大提供了最为坚实的基础和保障。

（2）外部专家培训提高员工的思维创新能力。公司邀请 CMMI 软件能力、信息安全、ITSS 运维等领域的外部专家对员工进行培训。同时，支持员工走出去参加培训学习，即鼓励技术人员和管理人员参加政府、高校、专业机构等组织的培训学习，提升技能和知识水平。比如，对于

通过计算机技术与软件专业技术资格（水平）考试及获得其他专业技能证书的员工，一次性奖励 2000 元，同时每月工资增加 200 元。

（二）创新求变的晋商开拓精神

有一句哲言说，智者不语，静水流深。智杰公司在启"智"集"智"的过程中，以创新求变的开拓精神，默默耕耘，日日积累，不断取得新成就。

（1）自主可控的自研平台。业务功能完善且可灵活应用的产品才是客户喜欢的产品。①按需推荐，个性开发。智杰公司可根据客户的具体需求，为产品开发定制化的功能模块和界面设计，满足用户的特定需求和业务流程。并且，公司具备个性化的实施能力、服务沉淀和二次开发能力。②常规维护，应对变化。智杰公司通过定期运行监控、性能巡检对系统进行优化，帮助用户应对使用过程中外部环境、数据环境发生的改变。③技术升级，产品更优。智杰公司提供定期的通用技术升级和不定期的个性化定制改造，使产品更新、更优。

在数字化医院建设中，平台采用微服务的技术架构，支持 SaaS 服务，系统部署方便灵活，更新维护响应快。平台系统流程高度可配置，满足各级各类医疗机构的临床信息个性化需求，适配不同医疗机构的业务流程与管理模式。在医共体的信息平台中，可对不同客户提供整体解决方案，满足个性化的需求并对产品进行售后服务。

（2）核心技术自研。智杰公司从新农合信息平台的建设开始，持续、深入地对产品进行开发、改进、创新。从新农合信息平台成功实现了集中业务和集中数据管理的 SaaS 模式开始，不断在医疗健康信息化方面发力，实现了兼容信创体系的全线医疗信息化。无论是在数字化医院还是医共体等的建设中，都采用了支持国产服务端和客户端软硬件的系统，基于 J2EE 的 B/S 架构开发平台，系统组件用 JavaScript 语言开发。

在紧密型县域医共体大数据平台的建设中，智杰公司自主研发了数据交换中间件 HSB，实现医共体内各医院数据的整合共享，实现医共体服务一体化、业务一体化、管理一体化，该项目获评工信部"2020年大数据产业发展试点示范项目"。

目前，智杰公司与山西保罗、深圳中基建等公司合作推进移动健康巡检服务车新项目，规划年产 1000 辆，涵盖体检、牙科、眼科、妇科和中医等十余款车型，车载全套检查设备及远程医疗系统，实现可落地的"移动医院"，打通服务群众健康"最后一公里"。通过将健康服务车华北生产基地落地山西，以带动当地就业，并为患者提供更多实质性的帮助。

（3）三大创新工作平台。院士工作站、山西省省级企业技术中心和山西省县域健康大数据工程研究中心，是企业技术创新的源泉，是企业发展的动力，为企业创新发展提供了技术支持和保障。

自 2014 年起，智杰公司与中国工程院孙家广院士、清华大学软件学院院长王建民教授建立院士工作站，就大规模多源数据一体化管理、交互式异构数据分析框架、数据可视化与智能数据工程、领域大数据应用开发运行环境等技术开展合作研究与应用。这些研究成果运用在企业的多项产品中，取得了良好的效果，为企业赢得了口碑，使企业得到了各方的认可和信任。而山西省省级企业技术中心和山西省县域健康大数据工程研究中心则直接支撑企业产品的完善、深化和在医疗领域全方位的扩展。这三大平台，使智杰公司建立了具有自主知识产权的技术体系，从而为国内医院用户提供稳定、安全的数据服务。

（4）创建独特的数字化逻辑架构体系。①高起点，采用自上而下的设计，站在山西省医疗信息化的角度通盘考虑系统的架构；②组件化，在统一规划的前提下，以合作医疗主要管理部门为基础形成独立的模块，可以采用搭积木的方式构建不同的架构，如构建省县二级架构，或省市县三级架构或单独的县级架构；③全过程，系统涵盖医疗工作的全部流程，可以对医疗的全部过程进行业务处理和监管；④实时性，采用浏览器/服务器体系结构，数据采用中心或分中心的方式存储，实时数据同步，保证了系统的实时性；⑤易使用，系统使用人员的计算机使用大量的报表和图表，尽量进行操作的简化和界面的统一，系统都进行了模块化，可以依据不同的要求生成不同的业务流程，相同的业务还可以进行不同政策的配置。

三、以"智"载道的家国情怀与奉献社会的明"智"之举：以服从国家战略与服务民生福祉引领事业发展

孟子曰："是非之心，智之端也。"智杰公司在经营中有着坚定而明确的是非观，有着强烈的家国情怀和社会责任感，把公司事业融入国家战略和民生事业，以"智"利国，用"智"惠民。

（一）服从国家战略，呵护人民利益

（1）响应网络强国战略，核心产品全面适配国产化。智杰公司在成立之初就确立了建立具有自主知识产权的技术体系的发展战略，积极承担建设网络强国的重要使命，采用基于JAVA的B/S架构打造全线产品，拥有自己的数据集成平台，核心产品已经完成与国产主流CPU、服务器、数据库以及操作系统等软硬件基础设施的全面适配。

（2）符合国家标准、行业标准。智杰公司在全民健康信息平台的建设中遵循国家"46312"总体框架，在数字化医院的建设中遵循国家建设标准与规范，根据相关评级评审要求，助推公立医院改革与高质量发展。在紧密型县域医共体大数据平台建设中，自主研发的数据交换中间件HSB符合国家最新标准，符合互联互通测评要求。

（3）立足山西、面向全国的稳步发展。经历了十几年历练的智杰公司，已经逐渐成长起来，公司业务拓展到全国十几个省市区、200多个县区，惠及人口1.2亿。公司也得到了社会认可，截至2024年8月，获得了山西省优秀企业、中国软件诚信示范企业、民营准独角兽企业等50余项荣誉，是37家"山西省重点上市后备企业"之一，先后通过了国际软件能力成熟度CMMI5级评估、SaaS云计算服务能力评估等30多项认证，拥有自主知识产权340余项。公司聚焦健康医疗数字化建设，为医院、政府、居民提供智慧医疗与大健康产业信息化研发、健康医疗大数据挖掘与分析和"互联网+"医疗健康服务，为国家的发展注入了生机和活力，是具有新质生产力的优秀企业。

（4）流程设计科学、合理、便民，引领健康。在医疗集团信息化的建设中，通过一体化的管理设计，使患者体验跨院一体化的服务。

在全民健康信息平台中，协同管理、资源共享、基层服务、便民服务四个方面，不仅有助于解决当今看病难、花费大的问题，而且在体系架构设计中充分考虑了人们在不生病时的预防需求和对健康生活的更高追求，提高了为病人看病的经济性、便捷性，充分体现了在疾病预防和康复治疗方面的设计理念，实现了居民疾病预防、诊断、治疗、营养、康复、护理、健康管理的一体化、连续性。通过资源下沉共享的方法，构建分级诊疗服务新格局，推进家庭医生签约服务与医防协同，使居民能更经济方便地享受医疗服务。

通过"互联网+"便民服务平台的建立，患者预约挂号无需等候，缴费无需排队。公司运用大数据、云计算等技术，使居民可自主检测生命指标参数，并通过智能算法进行历史数据对比和初步诊断评估，还可用手机、电脑自助查询健康档案、出诊信息、医嘱、检验检查结果、费用清单、就诊指南等信息。

（二）关爱民生的社会善举

智杰公司自觉传承晋商义利并重的经商理念，积极投身公益事业，做有责任、敢担当、受人尊敬的企业。

企业的社会善举表现在方方面面。例如，在新冠疫情期间，一是与山西省归国华侨联合会、山西省华侨公益基金会在全球范围内通过共同发动组织侨胞，募集1800余万元的防疫物资，定向捐赠给防疫一线的战斗人员；二是紧急研发出山西省新型冠状病毒感染疫情信息平台、山西省应对新冠病毒疫情物资保障调度平台、山西省各级红十字会疫情防控捐赠款物收支信息平台三大战"疫"平台，用信息化为战"疫"提供加速度。在社会捐助方面，为山西省华侨公益基金会成立捐赠注册资金200万元；为山西省创新科技发展基金会成立捐赠注册资金200万元；在吕梁市兴县捐赠价值300万元的医疗信息化产品，为提升当地基层医疗服务水平提供支持；赴新疆开展产业合作，参与对口援疆工作；等等。在反哺农业和乡村振兴方面，积极参加山西省红十字会、山西省文化厅在岢岚、原平等地举办的"红色之旅——助力精准扶贫 乡村振兴"公益活动，提供活动赞助支持；赴黔南布依族苗族自治州国家乡村振兴重点帮扶县开展联系调研，与三都水族自治县的企业深入合作，共同助力乡村振兴；积极参加"万企兴万村"山西行动，与太原市娄烦县、长治市壶关县树掌镇芳岱村、大同市灵丘县、大同市天镇县四地开展村企结对共建活动；等等。

与此同时，公司还以不计报酬的奉献和负责任的担当回馈社会与客户，真正做到"一心一意干好工作，真心实意纾困解难"。2023年，湖北省卫健委发来表扬信，对公司团队在项目建设过程中表现出来的认真负责、加班加点、主动作为、甘于奉献的精神给予高度赞扬。

总之，智杰公司所处的产业领域涉及AI、智慧医疗、大健康等，这些产业既是新科技革命生成的朝阳产业,又是社会进步需要的未来产业,还是国家倡导和支持的战略性新兴产业。因此,我们相信,智杰公司是契合时代节拍,有着光明灿烂前途,充满旺盛生命力的晋商新秀。

智杰公司作为一个非公企业,在总结业已取得的辉煌业绩时,深感脚下沃土承载的晋商基因的强大力量,可以说,正是这些与根脉相连的精神力量,推动公司业务不断拓展,促使公司实力不断壮大。但在总结成绩时,尤其还要特别指出的是,公司扎实的党建活动和良好的制度规范,为公司的健康发展提供了思想引领和制度保证作用。公司在党支部的领导下开展工作,把党建工作融入公司日常业务,不断提升员工的思想政治素质;党员和管理层带头,全公司分批参加线上线下学习,使大家紧密团结在党组织周围;公司上下宣示"始终跟党走,奋进新征程"的共同意志,真正做到以党建促企建,确保企业始终与党同心同向同行。

古人云:"与天下同利者,天下持之;擅天下之利者,天下谋之。"我们认为,智杰公司诚如其名,成立至今,以服务民生事业为立企之本,紧跟国家改革方向与社会发展需求,锚定医疗事业信息化、智能化进行产品研发与服务,与社会共进步,与国家同发展,既表现出优秀企业应有的大"智",也表现出当代晋商应有的家国情怀,这种家国情怀就是"智"在天下的情怀,因此智杰公司的事业必将得到世人众手共襄。

(执笔人:郑卫东、杨琪琪)

摭谈凯嘉之兴的"道"

在绵山脚下、三贤故里的山西省介休市,有一个有口皆碑的企业——山西凯嘉能源集团有限公司(以下简称凯嘉集团或凯嘉)。凯嘉集团的发展起始于1956年组建的山西省介休县公私合营利民煤矿,迄今已有近70年。其历经了中华人民共和国成立后国家经济发展的各个时期,在波澜壮阔的历史洪流中,顺势而为,实现了从单一煤矿到集煤炭、旅游、发电、贸易等于一体的综合型能源集团的跨越,资产总额超120亿元,员工达8200余人。凯嘉大厦如图1所示。

图1 凯嘉大厦

为什么一个滥觞于"六户十七坑"的煤矿开采小企业，能够在历经花豹窝蝶变、刘屯沟开新矿、1997年共渡难关、2000年国企改组，特别是公司化改制的近15年的时间后，发生点石成金般的变化，快速发展成一个技术装备水平一流、跻身晋企百强、涉足多个行业的企业集团？凯嘉集团名誉董事长路斗恒在他亲自执笔撰写的《凯嘉集团赋》中总结道："凯嘉之兴，其因有三：一曰时政；二曰友朋；三曰人心。凯嘉之盛，其道有循：企业之道，员工为本；经营之道，信义为本；管理之道，制度为本；发展之道，创新为本；员工之道，敬业守操；领导之道，厚德笃行；为人之道，忠义仁勇。同道同心，其利断金。"通过企业调研、社会走访、查阅资料，尤其在深入研究凯嘉发展史上扛鼎式人物路斗恒的心路历程和企业家精神之后，我们深感凯嘉"由小到大，由弱变强"之根本，在于始终不渝探索立企治企兴企之道，即：一以贯之将中华优秀传统文化与现代企业管理原理相融合，并在实践中不断总结经验、提升理念，创造性提炼统御企业发展的战略思想和文化之道。道之所成，企业所兴。

一、领"道"人路斗恒的大"道"恒心

凯嘉集团名誉董事长路斗恒是一个传奇式的企业家。我们查阅过官方媒体报道，也参观过企业文化展厅：他是"全国煤炭工业优秀矿长""全国优秀企业家""社会责任优秀企业家""山西省劳动模范"以及"全国五一劳动奖章"获得者；担任过山西省政协委员、山西省人大代表、山西中华文化促进会副主席、山西省企业家协会副会长、晋中市企业家协会会长等，不一而足。我们也曾走访过社会各界：在作家眼中，他是一位睿智的思考者，温文尔雅，充满智慧；在同行眼中，他是勇于创新的开拓者，刚毅果敢，沉稳从容；在员工眼中，他是和蔼可亲

的大家长，虚怀若谷，阳煦山立；在当地人们的眼中，他热心公益，急公好义，古道热肠……

实际上，路斗恒的外表很普通，一米七几的中等身材，身体略显清瘦，衣着简单朴素，面容慈祥和蔼，说起话来，总是轻声细语。就是这样一位看似普通的人，却有着无比坚强的大"道"恒心与顽强毅力，他是凯嘉二十多年来搏风击浪的掌舵领航人，是凯嘉成长壮大的开路领"道"人。

无疑，路斗恒是成功的企业家。但路斗恒的成功绝非偶然，其中包含着许多必然的因素。我们认为，正是路斗恒的人生经历和个人特质，养成了他非凡的能力和品质。

一是终身学习的习惯，使路斗恒具备了捕捉重大发展机遇的战略思维能力。《道德经》云："合抱之木，生于毫末；九层之台，起于累土；千里之行，始于足下。"路斗恒于1963年2月出生在太行山深处的盂县偏亮村。与那个时代众多大山里的农家孩子一样，望着家门口那巍峨的大山，年幼的路斗恒也有着走出大山看世界的梦想。怀揣着这样的梦想，少年路斗恒把全部希望寄托在读书学习上。或许是受到当小学教师的父亲的教育和影响，路斗恒从小在学习上就展露出非凡的天赋，他通过跳级完成了中小学基础教育阶段的学业。在恢复高考后的1979年，16岁的路斗恒凭借优异的成绩顺利考入了太原工学院（现太原理工大学），开始了煤化工理论的系统学习，走上了以"攀登煤化工科学高峰"为志向的负笈求学之路。1983年参加工作后，他始终保持学习各种知识的习惯，从煤炭开采技术、企业经营管理到经济、法律、文学、政治等，无不在他的涉猎范围内。他先后取得了研究生学历、经济学硕士学位，成为高级经济师，从而以知识涵养儒雅风范，提高认知水平，增强决断能力。总之，学习的习惯让路斗恒受益，使路斗恒自强。正如《道德经》中所言："胜人者有力，自胜者强。"

二是多岗位历练与积累，使路斗恒有了丰富的管理经验和突出的领导能力。1983年9月，路斗恒大学毕业后被分配到晋中义棠煤矿工作。第二年、第三年他便相继担任这个地级企业的团委副书记、质量科副科长，然后又担任过职改办主任、党委办主任和办公室主任。1993年8月，而立之年的他，当选中共晋中义棠煤矿党委委员，成为当时最年轻的矿级领导；1994年2月，担任晋中义棠煤矿总工程师、副矿长；1996年1月，任晋中夏门煤矿矿长；1997年5月，从晋中夏门煤矿矿长转任晋中义棠煤矿矿长，再次回到他当初参加工作的地方；2000年8月，晋中义棠煤矿改制为山西义棠煤业有限责任公司（以下简称义棠煤业公司），他担任公司董事长；2009年10月，经资源整合，以义棠煤业公司为主体，组建山西凯嘉能源集团有限公司，他担任集团董事长，那年他46岁。除此之外，他还兼任过晋中市委、介休市委候补委员，省地市各级人大代表、党代表、省政协委员、晋中市政协常委以及晋中市工商联副主席、晋中市企业家协会副会长、介休市文化事业促进会会长等各种社会职务。在每个岗位上，路斗恒都尽心尽责，努力干出成绩。这种本职工作和社会兼职的多岗位、多角色历练，无疑会提高其见识水平、丰富其社会经验，进而提升其组织管理能力和领导力，从而使其在凯嘉集团董事长岗位上能够驾轻就熟地开展工作。正所谓："博观而约取，厚积而薄发。"

三是坎坷经历与顽强拼搏，使路斗恒有了永不言败、敢于担当的精神与关爱社会、甘于奉献的情怀。从考上大学、走出大山的第一步，路斗恒就历经坎坷、备尝辛酸。那时的太原工学院化工系尚处于交通不便的山西省昔阳县，学校建在山头上，这令很多心怀梦想的同学难免感到失落。然而年龄最小的路斗恒却没有气馁，他曾在日记中写道："……

这里与城市里相比，确实是天地之差，可是决定的因素是人不是物，我们不应当怪怨客观条件的不好，应当发扬革命先辈的光荣传统和艰苦奋斗、勤俭办学的精神，努力学习科学文化知识……"这些朴素的话语成为路斗恒在大学四年刻苦求学、立志成才、报效家国的座右铭。1983年，大学毕业后的路斗恒被分配到一家地方小煤矿——义棠煤矿，目之所及，煤尘煤面遍布，信息闭塞，工作环境简陋，但是理想与现实之间的强烈反差没有击垮他，他在这里扎根，在这里成长，在这里有了大作为。1997年，受亚洲金融危机的冲击，整个能源行业几乎陷入停滞，义棠煤矿也受煤炭市场影响，原煤一度滞销，资金周转困难，职工工资发不了，运费垫不起，材料购不回，生产经营举步维艰。路斗恒在《凯嘉集团赋》中这样形容："难忘一九九七年，煤市疲软；残阳无热，夜雨秋寒。内外交困，如履冰坚……"但是，面对一起战斗的1500名员工，他唯一能做的，就是放手一搏，号召广大员工筹集资金进行自救，让企业活下去。这也就是路斗恒所谓的"赤子同忧，慷慨解囊；上下同欲，共渡难关"。凡此种种，坎坷经历磨炼了路斗恒的意志，也养成了其永不服输、敢于担当的精神；与此相伴，起伏人生丰富了路斗恒的社会阅历，也培植了其关爱社会、甘于奉献的情怀。也正是这样的精神和情怀，支撑着他在各个工作岗位上勤奋工作、不断进取，并取得了一项项优异的成绩。真乃是："天将降大任于是人也，必先苦其心志，劳其筋骨，饿其体肤，空乏其身……"

二、立企之道：员工为本与社会情怀

《尚书》有云："民惟邦本，本固邦宁。"虽讲的是治国之道，但就管理企业而言，遵循着同样的道理，也就是民本思想。儒学的核心思想是"仁"。"仁"字从"人"、从"二"，就是"人人"，亦即把人当作人，以人为本。老子也有言:"故道大,天大,地大,人亦大。"在传统文化中,这样的论说很多。事实上,这种人本或民本管理思想,也是现代管理的基本理念和普遍共识。IBM公司前总裁托马斯·沃森曾经说过:"即使我失去了我现在所拥有的一切,只要留下我的团队,那用不了多长时间,我就会重新创建一个IBM。"著名学者陈佳贵曾提到,有的学者将人本管理概括为"3P"管理,即企业是由人组成的(of the people),企业要依靠人进行管理(by the people),办企业是为了满足人的需要(for the people)(见陈佳贵主编《现代企业管理理论与实践的新发展》,1998年)。这些以人为本的观念,都是在讲要理解人、尊重人,充分发挥人的主动性和积极性。

凯嘉集团在经营管理中,以人这个关键生产力中最活跃的要素为突破口,用多种改革措施激发企业员工的活力和动力。这些举"道"正"德"的改革主要包括:打破职工身份界限,实行全员劳动合同制,临时工与正式工同工同酬;通过民主推荐、公开选拔任职干部,激活选人用人机制;生产单位实行计件工资,辅助后勤单位实行计时工资加奖励,管理部门实行岗位绩效工资,任职管理人员实行目标考核年薪制。与此同时,凯嘉十分重视对人力资源的科学管理和制度建设,引入了绩效考核、流程优化再造、盟友平台管理,先后出台了或修订了《基层班组建设规定》《员工动态管理办法》《后备人才管理办法》《员工奖惩制度》《薪酬管理办法》《人力资源管理办法》《任职管理人员选拔任用办法》《任职管理人员责任追究制度》等,使企业人力资源管理水平大大提高,形成了一套既有激励又有约束的各类人员管理制度。

《道德经》曰:"圣人不积,既以为人,己愈有,既以与人,己愈多。"本着"发展依靠员工,发展为了员工,发展成果由员工共享"的原则,凯嘉的经营者首先想到的是:为了"赢得"员工,就必须舍得

"给予"员工。因此，凯嘉在发展生产的同时，高度重视改善职工工作环境和生活环境，着力构建和谐共生的"家"文化。在标准化矿井建设中，科学规划、合理布局、分步实施，着力打造环境宜人、安居乐业的矿区环境，有效改变了过去煤矿黑、脏、乱、差的现象。增加矿区绿化面积，提高绿化覆盖率，义棠煤业公司被评为"山西省生态示范矿井"。随着凯嘉集团不断发展壮大，公司经济效益逐步攀升，公司大幅度提高员工收入，奖励员工旅游，实施企业年金、住房公积金制度，建立了扶贫帮困长效机制，深入开展阳光救助、金秋助学、医疗互助、向贫困员工和社会困难家庭献爱心等活动。员工居住条件发生了巨大变化，生活水平得到了极大提高。住宅小区由86小区发展到96小区，再到怡美家园、嘉和园、嘉欣园。员工陆续住进市区，享受着现代人的都市生活。这一系列举措，让企业更多的发展成果惠及员工，极大地提升了员工的归属感、安全感、获得感和幸福感，企业的"家"文化得到员工的广泛认可。

《道德经》有言："孰能有余以奉天下？唯有道者。"凯嘉的"家"文化效应，还进一步溢出到企业外部。典型的表现有二：一是公益事业与社会福利方面，企业在关心关爱员工、带领员工致富的同时，不忘回报社会，主动履行社会责任，积极参与抗震救灾、捐资助学、扶危解困、筑路修桥、敬老助残等各类公益事业。由路斗恒及家人捐资1000万元设立的"嘉和路"慈善信托项目，是山西省内发起的第一个关注贫困学生成长和公益事业发展的慈善信托项目，为介休市困难家庭的学子们带来了希望。2023年3月，凯嘉集团注册成立了山西省凯嘉公益基金会，体现了路斗恒作为企业家的高度社会责任意识。二是将企业的全员学习通过员工家属辐射向社会（在本文后续内容中详叙）。

三、治企之道：战略引领与制度化管理

古人云："不谋万世者，不足谋一时；不谋全局者，不足谋一域。"凯嘉集团历来重视战略谋划与全局引领。以路斗恒为首的决策层，多次以超前的战略眼光为企业谋篇布局，使企业一次次赢得了稍纵即逝的战略机遇。比如，1997年5月，34岁的路斗恒从晋中夏门煤矿矿长转任晋中义棠煤矿矿长。当时的义棠煤矿产量小，抵抗市场波动的能力十分薄弱。为改变这种状况，在路斗恒的带领下，义棠煤矿以"稳产、增产"为目标，积极开拓下组煤资源，经过反复试验，最终成功采用了"悬移支架放顶煤一次采全高"新技术，使矿井产能由每年30万吨快速提升到了每年60万吨。在现在看来，采用这项技术似乎并不困难，但在当时却冒着很大的风险，一旦项目失败将使企业陷入严重的经营困境。诚如《道德经》所言："使我介然有知，行于大道，唯施是畏。"再比如，从2000年开始，对义棠煤矿进行了公司制改组，成立了义棠煤业公司，实行"自主经营、自负盈亏、自我发展、自我约束"的经营机制，使其有了更大的灵活性和自主权。2002年，义棠煤业公司全面启动了120万吨矿井改扩建工程，并于2006年顺利通过验收，实现了由中型煤矿向大型煤矿的跨越。同时，收购了金山坡煤矿，与开滦股份公司合作组建倡源煤业公司，与介休市卫校附属医院共同组建介休市第二人民医院，接管张壁古堡，组建和实房地产公司，使义棠煤业公司成为一家多元化经营的现代企业。从2009年起，义棠煤业公司抓住山西省煤炭资源兼并重组整合的机遇，作为整合主体企业，相继对多家煤业公司实施了整合重组，并成立了山西凯嘉能源集团有限公司，使企业进一步壮大。截至2023年，凯嘉集团已成为由16个子公司及成员单位组成的以煤业为主、非煤为辅、一体两翼的综合型集团公司。

应该说，经营是做正确的事，管理则是正确地做事。通俗地讲，

经营战略决定的是"干与不干"的方向性问题,而管理要解决的则是"怎样有效率干"的战术性问题。凯嘉集团不仅注重战略决策,而且尤为重视以制度化来实现管理的规范化和有效性,促使战略目标落地落实。这正如司马迁在《史记·礼书》中所云:"人道经纬万端,规矩无所不贯。"

首先,完善现代公司治理结构,为公司持续稳健发展奠定了基础。按照集团管控模式和《公司章程》《母子公司管理办法》,建立了较为完善的公司治理结构,先后制定了《股权代表管理办法》《董事会、监事会及经理层职责范围规定》等制度,构建起统筹、协调、高效的母子公司运行机制。其次,出台了《重大经营决策管理办法》《资金管理办法》《资金使用计划审批管理规定》《物料采供集中付款管理办法》等多项重大规章制度,在财务核算、项目投资、经营决算、薪酬绩效等方面逐步实现了集中统一管控;建立起资产管理、产销存管理等信息系统,改革物料采供机制,由分散采供变为集中采供;坚持"简、降、减"原则,修订出台了《工程管理办法》《资产管理制度》等45项管理制度,强化了工程审计、资金调配、设备招投标职能,优化升级《经营绩效考核办法》,加大了效益指标的考核力度。最后,在安全管理方面,集团公司提出要坚持"管理、装备、培训"三并重原则,不断加大安全投入,统一实施安全质量管理标准,建立健全了安全生产的长效管理机制。集团成立以后,开始实行安全目标责任管理,与各煤业公司签订《安全目标责任书》,层层落实安全责任;矿业管理公司发挥生产协调和安全监管职能,设立驻矿安监站;煤业公司狠抓班组建设,加强基层、基础和现场管理,强化员工教育培训,开展安全联保、安全宣誓、安全知识竞赛、应急救援演练等安全活动,形成了群监协管、多措并举的安全监管体系。2012年以来,集团公司认真贯彻落实省地市等行业标准,创新安全管理方式，采取周循环排查、"手指口述"、安全质量标准化示范区建设、瓦斯综合治理等手段，不断提升矿井安全保障能力。2020年，集团公司又推出安全生产管理"三项办法"，加强班组基础建设、变化过程管控和安全目标管理，夯实安全工作基础；通过班组竞赛及评选模范区队、模范班组、模范班组长、模范家属、星级员工等系列活动，带动双基工作不断提升。

总之，这一系列制度和管理措施的出台与实施，有效激发了企业员工的活力和动力，防范了企业经营中的潜在风险，为企业的持续高质量发展提供了机制保障，也有效保障了员工的生命安全和企业的安全发展，使凯嘉集团步入了快速稳健发展的轨道。

四、发展之道：创新与文化两翼驱动

创新，是企业发展的不竭动力；文化，是企业进步的力量源泉。凯嘉集团以创新与文化双重加持、两翼驱动，助推企业腾飞式跃进。

（一）创新驱动

《诗经》有言："周虽旧邦，其命维新。"凯嘉历来重视创新的价值和作用，始终秉持稳中求变、变中求新的发展理念，在企业管理中勇于创新、敢于超越，不断寻求技术创新和管理创新的突破口，全面提升企业的核心竞争力。

在煤炭主业的技术创新方面，不断加大技术投入，引进新技术、新设备、新工艺，多管齐下走持续创新道路。在工作面布置上，从房柱式、残柱式、短壁式发展到长壁式；采煤工艺从手工开采、人工炮采、半机械化开采发展到机械化开采，2003年首次引进综掘机，2005年6月，上组煤工作面首次引进薄煤层牵引式采煤机，8月下组煤工作面首次引进综采设备，掘进工效逐年大幅提高；支护材料由木柱、摩擦式金属支柱发展到单体液压支柱、悬移支架、综采支架；运输工具由矿车发展到刮板运输机、皮带输送机；广泛采用"近距离薄煤层联合开采""悬移支架放顶煤一次采全高""皮带运输综合保护"等新工艺。这些新技术、新工艺、新装备的采用，为凯嘉集团煤炭主业实现安全、质量、绿色、效益的飞跃提供了强大支撑。

在企业转型方面，凯嘉在坚持煤炭主业不动摇、做强做精做优煤炭主业的前提下，积极转型文旅产业，投资开发建设张壁古堡景区，为企业培育新的接续产业。从2009年3月义棠煤业公司正式接管张壁古堡景区以来，按照"高素质团队、高起点规划、高标准开发"的总体思路，采取统一规划、分步实施的策略，对张壁古堡进行了保护性开发。先后累计投入约7亿元，建成了"美丽乡村"张壁新村，各项配套工程一应俱全，在惠泽张壁村民的同时，还进行了土地流转、古建修复和基础设施建设等，使张壁古堡文化旅游景区从规划一步步变成了现实。2011年，张壁古堡景区成为北京电影学院教学实践创作基地；2015年，被评为国家AAAA级旅游景区；2017年，被山西省评为"文明守望工程"示范点；获得"中国十大魅力名镇""国家级文物保护单位""中国历史文化名村"和"中国特色旅游景观名村"等多项荣誉。

（二）文化力量

在我国，历来就有重视文化的传统。《周易》有云："观乎人文，以化成天下。"梁启超在《什么是文化》一文中说："文化者，人类心能所开积出来之有价值的共业也。易言之，凡人类心能所开创、历代积累起来，有助于正德、利用、厚生之物质的和精神的一切共同的业绩，都是文化。"管理学家尹毅夫在其《中国管理学》中列举："政"字从"文"，亦即用"文"的精神使人"正"；"改"字从"文"，纠正"已经"，使之合于"文"的精神。

比较普遍的观点认为，从我国改革开放以来企业发展的历程来看，企业竞争呈现出三个阶段性特点：第一个阶段是产品竞争，第二个阶段是服务竞争，第三个阶段是文化竞争。有关企业文化的理论在对人性的假设方面，不仅超越了早期管理理论的"经济人"阶段，而且超越了行为学派的"社会人"阶段，从而推进到"文化人"阶段。实践中，越来越多的企业家不仅把企业文化看作一种管理工具和手段，而且视其为企业发展的一翼之力。凯嘉掌门人路斗恒就有着深厚的文化情怀和深邃的文化认知，积极探索中华优秀传统文化与现代管理融合的文化之道，并从"体相用"三个层面带头践行，在潜移默化中给企业文化建设、职工面貌和内生活力带来脱胎换骨般的变化，生动诠释了"有之以为利，无之以为用"的深刻道理。

首先是构筑"四梁八柱一主旨"的"家"文化理念体系，以特色鲜明的企业文化赋能企业发展。凯嘉的企业文化主旨是"家"文化，"家"文化的核心是凯嘉五训，即"忠、义、仁、勇、和"。忠——对企以忠，义——待人以义，仁——处世以仁，勇——任事以勇，和——和谐共成。"忠、义、仁、勇"，实际上是三晋商业文化一脉相承的文脉，是从唐晋遗风到关公崇拜形成的商业思想的核心，是诚信为本、开拓进取的晋商精神的根源。"和"是中华优秀传统文化的精髓，有和谐、均衡、协调等意义，既是世界观和价值观，也是方法论和处世之道。凯嘉把"忠、义、仁、勇、和"作为其"家"文化的五训，以期与企业的经营、管理以及任贤、使能、赏优、罚劣诸事相融合，而这本身就是在倡导中华优秀传统文化，就是在赓续三晋商业文脉，就是在弘扬晋商精神。凯嘉企业文化"四梁"，即核心理念具体如下。一是企业使命：凯嘉，让家国更温暖；二是企业愿景：凯风致远，嘉行百年；三是核心价值观：人为本，义且信，精而实，日益新；四是企业精神：敬业为荣，奋斗为乐。凯嘉企业文化"八柱",即经营管理八观。①发展观:高质量,可持续;②经营观:守信重义,合作共赢;③管理观:依章治企,文化兴企;④安全观:心存敬畏,生命至上;⑤人才观:德才兼备,实践成才;⑥团队观:同道同心,其利断金;⑦质量观:至纯至善,精益求精;⑧服务观:以客为尊,用心用情。

其次是高度重视企业文化建设,支持和发展各种形式的文化活动,让文化在润物细无声中浸润每个员工的心灵。在路斗恒的倡导下,《义矿青年》《义煤通讯》《义棠煤业报》《凯嘉报》《凯嘉人》等企业内刊由创办到不断迭代升级,《山西义棠煤业公司志》《凯嘉集团志》先后编纂出版,内部广播开播运营,"辉煌50年"大型文艺演出、千人红歌会及多年不间断的迎春年会、职工运动会等各种精彩纷呈的文化艺术活动持续开展。这些文化建设载体和文化活动,不仅为员工搭建了展示才华、丰富员工精神文化生活的平台,还树立了良好的企业形象,提振了员工应对困难、继续前行的信心和决心。

最后是发挥中华优秀传统文化和管理经典在企业文化建设中的引领作用,从中汲取智慧的力量和方法的启迪。2019年以来,凯嘉在全集团组织开展中华优秀传统文化和管理经典的学习活动,以期引领全体员工进行心智修炼和心智模式的改变。刚开始,有很多人不理解。路斗恒与集团其他高层领导身先士卒,带头学习,并把收获不断分享给管理人员和普通员工。从苦口婆心开导到建立机制保障,从员工的消极抵触到学习活动蔚然成风,从阶段性学习到制度化长期坚持,一步步引领员工通过学习转变认知、打开格局、提升境界。在活动中,凯嘉特别重视学用结合,把学习成果应用在推动安全生产和企业经营的各项实际工作中,落实在和谐自然生态、人文生态的建设上,成就在学习知识、提升技能、提高认知水平的过程中,践行在帮助员工建设幸福家庭、构建幸福企业的举措上，体现在利益他人、回报社会的行动中。截至2023年，凯嘉集团员工学习了《道德经》《阳明心学》《论语》《孙子兵法》等多部中华优秀传统文化经典和《稻盛哲学》《第五项修炼》等管理经典；5000余名员工参加了幸福型企业课程的学习，2000余名家属参加了爱与陪伴课程的学习，助力员工和家属共同成长，共同建设幸福家庭（见图2）、幸福企业。2020年以来，累计学习15000余人次。同时，还举办了多次线上线下分享会。总之，广大员工及其家属通过学习、理解中华优秀传统文化并对照中华优秀传统文化自我反省，逐渐促进心智开发，自觉去除余食赘行，极大地促进了家庭成员之间、工作中同事之间关系的改善，工作生活氛围更加和谐，员工精神水平、幸福指数不断攀升，为企业安全生产和经营等工作的开展奠定了坚实基础，也赢得了社会各界的普遍赞誉。

图2 幸福家庭颁奖仪式

总之，凯嘉之兴，在于有立企、治企和发展之"道"；"道"之所成，在于领"道"人带领大家创造性地把中华优秀传统文化融入现代企业管理。无疑，这一切既为凯嘉与凯嘉人带来了实实在在的利益和值得骄傲的荣誉，也为国家和社会贡献了沉甸甸的成果和值得推广学习的经验。最后，我们用《凯嘉集团赋》的结束语祝福"得道"的凯嘉："凯康日上，嘉业共襄；弘毅致远，百年祯祥！"

（执笔人：李树人、谢振芳、王敏杰）

蓝天碧水，泰然其中

——兼议蓝泰集团让城市更洁净的"义"举

众所周知，拥有 2500 年建城史的太原城正在重现昔日的锦绣辉煌。如今的太原，洗去曾经的尘埃，处处呈现蓝天碧水、生机盎然的景象。2023 年，由《瞭望东方周刊》组织评选的中国最具幸福感城市中，太原赫然在榜。而在守护这片蓝天绿水、幸福之地的诸多功臣中，就有一个被人们誉为城市管家的蓝泰集团。

蓝泰集团（下文或简称蓝泰）是双集团公司，由蓝泰集团和蓝泰物业集团构成。公司创立于 1999 年，二十多年来不忘让城市洁净的初心，从点滴做起，奋发图强，砥砺前行，现已发展成为注册资金 1 亿元，旗下有 10 家专业子公司、10 家分公司，立足山西、面向全国的具有蓝泰特色的综合服务商。服务项目主要涉及物业管理、清洗清洁、城市服务、人力资源、安保服务、园林绿化、市政设施、科贸服务、家政服务、医疗辅助、餐饮服务、工程维修等十二大板块，形成了涵盖物业服务（政府办公、金融 CBD、医疗机构、教育院校、公共、住宅）、清洗清洁服务（外墙、石材、地毯等护理清洁）、环卫一体化服务（清扫保洁、护栏清洗、垃圾分类等）、技能提升培训、劳务派遣服务、安保服务、园林绿化服务、科贸服务等的多元化服务业态。

蓝泰集团自成立以来，基于"服务无处不在"的根本认识，本着"让客户满意，让社会美好"的企业使命，以"成为行业的佼佼者，成为社会欢迎的企业"为企业愿景目标，尊奉"事必做于细、直往精细处去，恪守诚信"的座右铭，秉持"服务第一，质量为本，信誉至上"的经营理念，坚持"把每一个细节、每一个步骤、每一个标准做好，做到极致，才是完美，就是品质"的行动总则，凝练出"坚韧、严谨、完美、高效"的企业精神，持续超越顾客不断增长的期望，在满足客户需求的基础上不断创造市场需求。经过二十多年的艰辛努力和不断创新，从单个清洗业务发展到目前的16个大序列77个工种；从只能接到散单业务到管理数百个项目、多业务综合运营，成为一站式一体化的综合服务商；从一个人创业到成为行业佼佼者、社会欢迎的万人集团企业。

纵观蓝泰发展之路，我们深感蓝泰集团之所以能够取得卓越不凡的成就，根本在于其凸显的独特之路、独特精神和独特追求，在于贯穿始终的大"义"之德、大"义"之情和大"义"之举。

一、"从0到1"的起步之路：大"义"之始

蓝泰集团的创始人邓永红在1987年从山西省供销学校毕业后，被分配到山西省机械工业供销总公司工作。但他没有想到，市场经济的大浪，没几年就把供销总公司这艘"老船"撞得搁浅了。大批职工下岗，当然邓永红也在所难免。同那时许许多多的下岗职工一样，邓永红也曾经迷茫并深感不安，但不同的是，他较快地调整了心态。他认为，下岗是国有企业改革中不可避免的"阵痛"，并不是把人们推向绝境，而是推向广阔的市场，那里方是真正的人才发光放热、施展才干的天地。

《周易·系辞下》云："穷则变，变则通，通则久。"邓永红是1964年生人，属相是龙。今天回头梳理创业元年邓永红的心路历程，我们不敢说他当年就有"潜龙在渊，腾必九天"的宏大抱负，但他确实有着"潜龙"的耐心和坚持。他深知"路漫漫其修远兮"，因而以超乎常人的

忍耐去"上下求索"、去积累。创业初期的处境是相当困难的，经济拮据时他曾一度浑身只剩不到 20 元，用邓永红的话说叫走投无路。在那十分窘迫的日子里，他向周围的亲戚朋友借了 5 万元，只身一人到北京考察项目，并参加相关技能培训。1999 年 9 月，他回到太原，创办了第一个公司——山西蓝泰化学清洗有限公司。那时，公司唯一的清洗机械是一台吸水机。而邓永红既是公司经理，又是业务员，同时还是清洗工人，骑着一辆自行车满太原找活干。

《道德经》有言："天下难事，必作于易；天下大事，必作于细。"邓永红揽回的第一个项目是对供电宾馆进行室内外清洗。与此同时，公司很快在社会上招聘了几个员工。邓永红先从员工清洗技能培训入手，他一边给员工示范清洗动作，一边紧张地带领他们完成清洗工作，他们的艰辛努力最终赢得了客户的认可。那时市场还是比较小的，留给蓝泰的份额就更小。邓永红和他的伙伴们本着"人弃我取，人去我就""不说赔与赚，只求事做好"的朴素理念，从小处着手，在"细"上用功。就这样，在不长的时间里，凭着良好的清洗服务和精湛的清洗技术，邓永红和他的公司逐渐开始为业界所关注。

苍天不负用心者，大地总酬有义人。2000 年 2 月，公司首次承接百米高楼外立面清洗工程——山西日报社采编大楼及附属楼外立面清洗。也就是在这一次清洗过程中，邓永红与员工们发现，污渍顽固难以清理干净，虽在全国范围内找寻各种去污力强的产品进行试用，但实际效果均不佳。几经周折后，打听到太原理工大学魏文珑教授专门研究这一问题，遂请魏教授及其团队进行科研攻关。魏教授根据现场实际情况，对清洗剂配比进行调整与测试，最终配置出合适的试剂，帮助公司在客户要求的时间内完成清洗，获得客户的高度赞赏。也正是从那时起，公司开启了清洁剂的自主研发之路。

《庄子·内篇·人间世》有云："其作始也简，其将毕也必巨。"如今已是大中型企业的蓝泰集团，正是从这样的简陋场所、简单业务、简易设施做起，完成了"从 0 到 1"的起步，备尝创业的艰辛之苦，真可谓"筚路蓝缕，以启山林"。

二、"从1到N"的扩张之路：大"义"之行

蓝泰成立后的二十多年间，从一个人、一辆自行车、一台吸水机发展到现在在管项目300多个；从一把扫帚、一块抹布、一间租用小房的原始业态，发展到数千台机器设备、智慧眼跟踪管理现代物业；从最初一个公司扩展到拥有 10 家专业子公司、10 家分公司的集团有限公司；从单一业务延伸到多元化业务服务，项目覆盖 7 个城市，成为山西省物业及城市服务行业威名远播的龙头企业。图 1 清晰地描绘了蓝泰从 1999 年至 2024 年的快速发展之路。

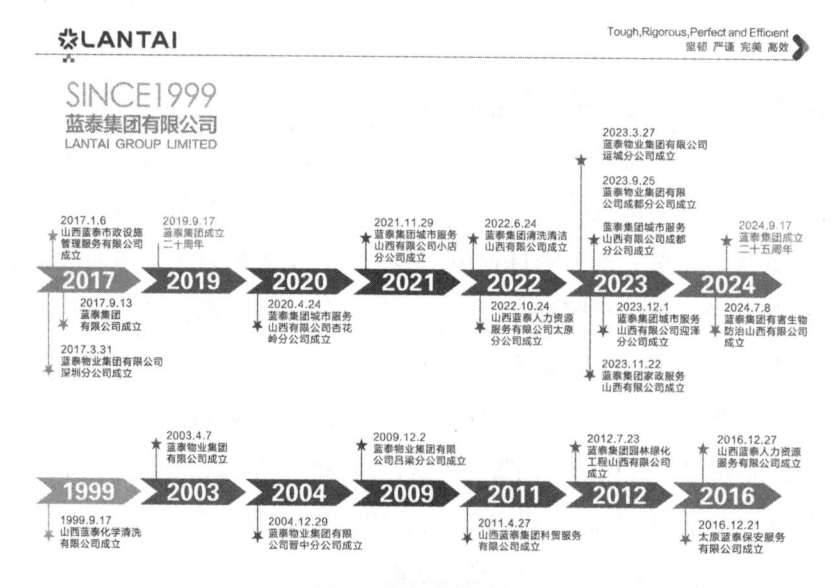

图 1　蓝泰发展历程

古人云："义者，宜也。"蓝泰"从1到N"的扩张之路，是一条因地制宜、因时制宜之路，也是一条尊重贤人、尊重科技之路，还是一条规范化、标准化之路。总之，是一条树"义"德、重"义"情、创"义"举的快速发展之路。概括起来，其核心动力主要有三：一是"以人为本"的人力资源开发，二是"刚健有为"的"五化"建设，三是跟随企业战略的组织变革。

（一）以"以人为本、人才优先"的理念指导人力资源开发

在中华优秀传统文化中，民本思想源远流长，一般可溯源到《尚书》的"民为邦本"。战国时期以儒家为代表，已经形成了较为完整的"以民为本"的思想体系。儒学的核心思想是"仁"，"仁"就是"人人"，亦即以人为本。事实上，时至今日，人本或民本管理思想已是现代管理的基本理念和普遍共识。

蓝泰的文化墙中有这么一句话："一群人、一辈子、一起走"。这是深植于蓝泰的人本管理理念，这一理念的确立基于最大限度地激发人的能动性之战略思维，即不仅把人力看作生产要素去配置，而且把人力视为企业主体来激发。企业的发展是个人与组织不断融合的过程，亦即将员工个人成长与价值实现不断融入企业发展的过程。企业致力于打造学习型团队与学习型企业，并在此基础上构建了"入职培训、上岗培训、转正培训、再教育培训"四级基层员工培训体系，形成了管培生培训与干部储备相贯通的人才培养体系，并与诸多高校建立了稳定的战略合作伙伴关系，是合作院校学生的实习和就业基地。

一是坚持"四不"原则。企业坚持"不培训，不上岗；无保险，不上岗；无档案，不发工资；无合同，不发工资"的原则。同时要求员工严格执行《8S管理制度》，即整理（SEIRI）、整顿（SEITON）、清扫（SEISO）、清洁（SEIKETSU）、素养（SHITSUKE）、安全（SECURITY）、节约（SAVE）、学习（STUDY）。《8S管理制度》是企业员工从业需遵循的基本制度和应熟知的管理要求，对于蓝泰企业来说尤为重要，因而是蓝泰员工培训学习的基本内容。

二是搭建储备干部体系。通过管培生（包括工程管培生）培养体系化，建立干部储备制度并进行储备人才培养。仅2023年就成功吸纳162名大学生入职蓝泰，为蓝泰的发展注入了新鲜的血液。同时，企业鼓励职工参加技能竞赛，从竞赛中发现人才，变相马为赛马。企业在社会技能大赛中多次斩获佳绩，参加技能比武的一些优秀员工已被提拔为副经理或者储备经理。

三是形成内部人才加速成长的"裂变"效应。为了从内部不断培养和输出优秀员工，蓝泰于2023年学习借鉴华为的做法，在本集团实施实体组织行政管理团队（Administrative Team，AT）决策制度。2023年，蓝泰共计召开集团AT会议11期，决议人才238人次。通过实施AT制度，提高了企业人事管理决策质量，促使更多的优秀人才脱颖而出，产生了内部人才加速成长的"裂变"效应。同时，蓝泰以引进来、走出去的培训方式与前海勤博教育科技（深圳）有限公司、山西省房地产业协会合作，开展对员工的深层次高水平培训，提升现有核心人才团队的综合素质。

四是全面深化校企合作。在连续六年与太原城市职业技术学院开展物业管理专业"订单班"合作的基础上，校企共商，将单一专业延展到机电、城建等更多的专业，采用"认知—融合—驱动—实习"的四阶段综合教学方法，为企业培养复合型、应用型和创新型的现代物业管理高端专业人才。下一步，公司将拓展校企合作，拟与太原旅游职业学院、山西工商学院等8所院校及机构，共同探索更多的工学结合、校企一体的人才培养新模式。

（二）以"五化"建设推进企业提档升级

在《中国文化精神》一书中，张岱年认为，"刚健有为"是中华传统文化中最重要的思想和基本人文精神之一。蓝泰集团在企业发展中将"刚健有为"放在首位，作为企业追求的基本人文精神之一，着力打造以实现规范化和高效化五星级标准服务为圭臬的"标准化、精细化、专业化、智慧化、绿色化"的项目运行体系，不断优化物业服务流程，以确保项目的高标准、高品质和高满意度，进而实现高品质服务发展战略。

以高水平标准化为前提。当前，标准引领质量已成为普遍的共识，标准化工作在推动科技创新、提升作业链水平、确保服务质量等方面的作用日益凸显，企业标准化工作尤显重要。蓝泰发展的二十多年间，共制定486个管理标准、244个技能标准和238个工作标准。蓝泰下大力气抓品质标准化建设，通过品质案例库的建立、培训，助力品质标准落地。2023年，共建立亮点案例1665个，暗点案例1703个，共计3368个案例。蓝泰将标准和标准化工作融入企业管理和业务流程中，为提升企业300多个项目的服务品质起到了明显的保障作用。

以精细化为作业管理方式。蓝泰将标准化转换成工作流程与工作表单，形成了基于基础表单、工作表单、流程表单、台账表单的信息流，这些信息流将企业职能部门与各项目具体工作相互连接，实现了数据互通，提高了精细化作业水平，形成了独具特色的蓝泰服务模式。

以人机一体化基础上的专业化为手段。在机械化逐渐替代手工作业的基础上，蓝泰提出了更高层次的全面机械化目标。在实践中，蓝泰已尝到了机械化的甜头，通过机械化的方式实现了"降本增效"的管理效果。仅以2024年2月1日太原市大面积降雪清除任务为例，蓝泰人第一时间积极备战，"以雪为令"启动清雪除冰应急预案，出动人员875

人，使用融雪液400余吨，融雪颗粒187吨，清雪车辆55余辆，作业190趟次，为太原市扫出了一条"平安路""温暖路"。

以数字化和智慧化为动力。蓝泰在原有数字化管理的基础上，以数字化改造全面提升公司的现代化水平。通过搭建信息化管理系统平台，实现业务数据化、透明化，为公司开展业务活动与进行管理决策提供了强有力的支撑作用。例如，人力资源信息化系统的引入，实现了员工人事档案资料电子化、人力资源数据管理线上化、人力资源各类报告信息化；点都智慧物业管理系统包含了报事报修、品质检查、点位巡查、仓储管理等功能模块，搭配智慧App、企业微信端使用，同时开发了BI驾驶舱看板，使蓝泰集团的物业项目管理一目了然，物业业务可以全流程记录和追溯，及时接单率、及时回访率、服务满意度等关键指标明显提升。

以绿色化和生态文明为发展新理念。蓝泰在实现高质量、高标准服务目标的过程中，强调"科技含量高、资源消耗低、环境污染少"的作业方式，在所有的项目中都主动把保护生态环境放在首位。同时，在全公司积极倡导"勤俭节约、绿色低碳、文明健康"的生产作业和生活消费方式，大力构建理念引领、行动自觉、上下一心、全力以赴的绿色服务工作体系。

特别值得指出的是，目前蓝泰集团还在规划和筹备蓝泰大平台建设，届时将可以实现城市板块、物业板块、办公板块三大板块的集成，实现物业报事报修、品质检查、点位巡查、设备巡检，以及环卫板块的机械化清扫、人工清扫保洁、车辆全生命周期管理、城市公厕清扫、垃圾收运、案件管理功能的统一集成，另外还将对办公业务的统一门户、统一登录、统一用户等功能进行集成，实现三大业务的统一BI驾驶舱、手机App端、电脑端三端使用和展示，整体提升蓝泰集团的信息化水平，全面提高蓝泰集团的业务运作和管理实力。

（三）跟随企业战略的组织变革

著名管理学家阿尔弗雷德·钱德勒（Alfred Chandle）的主要观点之一是：组织结构追随公司战略。我国管理学家尹毅夫在其《中国管理学》中论述道："组织结构和组织制度设计中，也存在是否中庸的问题。……在刚与柔的对立统一中，执其一端而不知其变，都会使组织遭受重大挫折。"蓝泰集团随着企业规模的逐渐扩大，对企业战略目标和重点不断进行调整，因而企业的组织结构随之变动，由最初的传统组织结构形式即直线职能制，发展为"一委、两办、两部、八大中心"的组织结构。

显然，蓝泰跟随企业战略的组织变革，是不断调整组织结构的"刚性"与"柔性"，以求刚柔并济。2013年，公司根据人员规模急剧扩张与管理方式相对滞后的矛盾，邀请中国政法大学王霆教授剖析公司情况，开展专题讨论，实现了公司管理创新的第一步；2016—2018年，搭建并完善二级组织架构与KPI指标，实现了公司组织结构变革的第二步；2023年，优化组织框架，形成了"一委、两办、两部、八大中心"的组织管理模式。与组织变革相适应，蓝泰在组织治理模式、权力体系设计上，也坚持法德并治、集分权适度，体现了辩证的中庸思想。

点滴微光，汇成星海。蓝泰创立以来，企业规模从小到大，企业业务从少到多，企业实力从弱到强，这是量的日积月累，更是质的跃升进阶，创造了"蓝泰品质""蓝泰智慧""蓝泰方案"，书写了厚积薄发、日益精进的蝶变历史，呈现出"从1到N"的扩张之路。

三、蓝泰集团成功秘籍解析

蓝泰集团作为一个民营企业，在四分之一个世纪的时间里，经历了

"从0到1"和"从1到N"两次跨越，实现了"从平凡到非凡，从传承到超越"的突飞猛进。蓝泰集团无疑是一个成功的企业，也是一个值得剖析的典型案例。蓝泰集团行业资质及荣誉如图2所示。

图2 蓝泰集团行业资质及荣誉

我们认为，蓝泰集团成功的秘籍主要有三：一是有一个富于晋商精神的企业家，二是用中华优秀传统文化凝聚了一群干事创业的人，三是拥有守护蓝天碧水的泰然"义"心。

（一）邓永红的人格魅力与企业家精神

蓝泰集团创始人、董事长邓永红出生于晋商文化历史厚重的山西省平遥县，自幼耳濡目染，受到传统文化的熏陶比较多，骨子里有一股不服输的拼搏韧劲；他又接受过正规的学历教育，从乡下走进城市，从学生成为国营公司干事，眼界为之一开。个人履历加上时代变迁，养就了他勤奋上进、开拓进取的精神和"一把扫帚扫天下"的气魄，使他具有"人弃我取"的胸怀和"大处着眼、小处着手"的企业家眼光。他在治理企业中，没有高深的理论，却不乏朴素的语言和接地气的做法。他在商业往来中,有甘于吃亏的义利观;而在对待客户与业务上,则有要求完美和追求极致的倔强劲儿。尤为难能可贵的是,他善于学习、乐于思考、勤于实践,是一个有全局观念和辩证思维的企业家。

(二)用中华优秀传统文化凝聚人

在蓝泰集团的墙壁文化(见图3)中、在邓永红的办公室里,人们都能看到这样一句话,即:"天地生人,有一人应有一人之业;人生在世,生一日当尽一日之勤。"并由山西省著名书法家赵望进亲自以隶书写成。这句话出自清乾隆年间山西省保德县马家滩村人、义成德商号的创始人张述贤之口。邓永红喜欢这句话,将其移植于蓝泰集团,既作为企业理念之一,也作为自己的座右铭,更用以引导和教育员工,以之凝聚起全体员工这"一群人",用一生一世"一辈子",坚定地"一起走"蓝泰之路。

图3 蓝泰集团墙壁文化

(三)守护蓝天碧水的泰然"义"心

邓永红曾深有感触地说,要在太原人心目中形成这样的共识:要绿化找康培,要保洁找蓝泰。实际上,蓝泰是一个特别注重口碑的企业。在蓝泰,有着守护蓝天碧水的泰然"义"心,有着品质和口碑第一的强烈意识和以利润换取品质和口碑的实际行动,有着前已述及的行大

"义"的管理变革与创新。这既体现了蓝泰人对环保事业的热爱和敬畏，也体现了蓝泰人对中华优秀传统文化仁义诚信的道德传承，还体现了蓝泰人"义"字当头、"刚健有为"的人文精神。我们相信，蓝泰和蓝泰人的这份天地良心、从业道德和进取精神，是企业继续向智慧化高品质服务迈进、从强力扩张走向永续发展的动力之源。

（执笔人：王国丽）

浸润着傅山文化的传统建筑群

傅山先生是山右名宿、中华名人，是明末清初思想家、书画家、医学家，历来有"学海"之誉。他一生博极群籍，著作等身，建树颇多，在经史子集、道家佛学、诗文书画、金石考据、医学武术、膳食养生诸领域，都有精深的研究和卓越的贡献。中华傅山园是在 2006 年太原市委、市政府提出"建设特色文化名城"的战略指导下，本着挖掘历史文化遗产、弘扬爱国主义精神的宗旨，为纪念傅山先生诞辰 400 周年而修建的。

中华傅山园，位于太原市西北有着"上风上水"的尖草坪区，滨邻汾河水，背依崛围山，占地 108 亩，是一个集亭台楼阁、庙宇轩廊等于一体的传统建筑群，于 2007 年 8 月 11 日正式开园。建园以来，凭借其环境优势和独特丰富的文化资源、造诣高深的专家阐发队伍、经验丰富的服务团队、功能完备的配套设施，中华傅山园成为开展爱国主义教育、中华优秀传统文化教育的基地和平台。同时，中华傅山园被评为国家 AAA 级旅游景区，既是太原市传统文化旅游的胜地，也是太原市对外交流的重要窗口。

一、弘扬企业家精神，以自觉的文化追求建设中华傅山园

社会是企业家施展才华的舞台，文化是形塑优秀企业的重要力量。论及中华傅山园，则必谈金龙公司。金龙公司原本是一个小企业。沐浴着改革开放的春风，金龙公司得以成长、发展与壮大，相继投资兴办了

加油站、石料厂、预制厂等经济实体，并取得了良好的经济效益，企业创始人张果元也成为太原有名的企业家与实业家。

张果元出生在太原北郊上兰村的一个贫困家庭，从咿呀学语开始，听得最多的就是傅山的故事。当地人对傅山的崇拜几百年来经久不衰，傅山在当地人的心中有着极其重要的位置，成了当地人的精神支柱。对于傅山先生的高尚气节、刚正不阿的精神和惠民风范，张果元从小就有很深的印记，在他的心灵深处一直矗立着傅山先生的高大形象。正因为如此，在张果元作为企业家初有成就时，就着手去实现他萦怀已久的梦想：修建一座傅山先生纪念园，把傅山先生非凡的人生故事世世代代讲下去，把傅山先生优秀的精神品格展示给世人并发扬光大。

第一次是1992年，张果元提出在傅山故里建设开发傅山工商十里街的方案。这个方案南至南下温，西至西村临界的公路两侧，采取镇村两级投资的形式，以西村为中心建立纪念傅山活动场所，沿上兰路建设傅山工商十里街。经向阳镇党委、镇政府研究后同意了该方案，并由张果元担任建设总指挥。同年5月，政府率先建起了向阳一段，同时也建起了南下温和西村的镇界门楼，还起步兴建了傅山中学的基础工程，这为傅山文化产业的开发拉开了帷幕。但由于当时各种条件的限制，此事最终搁置了下来。

第二次是1995年至1998年，时任北郊区委书记范世康、向阳镇党委书记陈有录为打造傅山文化产业，发展当地经济，决定完成傅山中学的建设，并在西村建一座傅山纪念馆。张果元几经周折，设计出了"开发傅山纪念馆的旅游规划图"，交由区、镇有关领导评审通过，并进行了选址和现场勘测，但最终还是由于种种原因中途搁浅。

第三次是2000年至2004年，张果元再次萌发了开发傅山文化资源的强烈念头，并在金龙公司办公楼三楼展厅请人塑起了傅山先生像。

2004年4月11日,太原市政府组织了"傅山研讨论证会",市、区主要领导及有关部门人员和专家参加,会议决定由向阳镇牵头,区各部门配合,张果元的金龙公司具体承办。4月19日,尖草坪区政府组织召开可行性分析研讨会,确定项目名称为"中华傅山文化园",选址在原傅山庙。5月12日,经太原市委宣传部审查,确定以"中华傅山园"工程,提交在深圳举办的第二届中国文化产业(国际)论坛。7月,"中华傅山园"项目被第二届中国文化产业(国际)论坛选定,成为山西省文化产业项目的强项,金龙公司成立了名为"太原傅山文化产业开发苑"的专门机构。从此,中华傅山园进入了建设发展的快车道。

第四次是2004年至2006年。其间,金龙公司一直在紧锣密鼓地办理各项繁杂的手续,不断地进行项目宣传、招商引资。2006年7月,太原市尖草坪区委决定由西村出地、镇政府牵头、金龙公司实施,三家联合成立开发建园机构,并于2006年8月28日奠基开建。在建设过程中,张果元几乎天天到工地了解工程进度,掌握工程质量,同时采取一切措施调动广大职工的积极性。为保证施工质量,他跑河北,下山东,去陕西,到内蒙古,从图纸设计到建筑材料,从工程进度到质量监督,事无巨细,面面俱到。

中华傅山园在张果元的精心打理下,仅仅用了8个月的时间,终于赶在傅山先生诞辰400周年纪念日这天,热烈而隆重地向游人开放了。中华傅山园一期工程完成了中轴线建设项目,包括牌楼、戏台、傅公祠、状元桥、真山堂等。这是发乎内心的朴素信仰和对珍贵人文遗产的深情挚爱,造就奇迹的感人至深的故事,也形成了一笔值得永久传承的文化财富。

"天行健,君子以自强不息。"中华傅山园的建设过程充满了曲折与艰辛，三番五次立项，三番五次搁浅，是张果元及其金龙公司团队，弘扬企业家精神，致力于做爱国敬业、守法经营、创业创新、回报社会的典范，在博大精深、历久弥新的傅山文化感召下，最终才修成正果。值得一提的是，在项目建设过程中，他们还创造了"七千万"理念，即千思万虑的构想、千行万里的考察、千言万语的求助、千锤百炼的施工、千书万字的整理、千辛万苦的打造、千方百计的启动。

中华傅山园建成后，成为传承弘扬傅山文化的重要场所，以书写赓续历史文脉的时代新篇章。

二、形成标志性传统建筑群，全景式展示傅山的精神世界

中华优秀传统文化中很多的思想理念和道德规范，不论是过去还是现在，都有其永不褪色的价值。傅山先生作为中华优秀传统文化的代表性人物，400年来备受太原人民尊崇，也是太原最具标志性的文化符号之一。中华傅山园通过园林景观、传统建筑群及各种展品，向人们展示了傅山先生一通百通、百科全书式的卓越成就，让世人在此感受傅山先生博大的精神世界。

中华傅山园从兴建到开业，一直坚持张果元设计的"一园九院"理念，"九院"即膳食院、学社院、医药院、非遗院、儒学院、国学院、农耕院、民俗院及文峰塔。目前已建成民俗院、农耕院、非遗院、学社院、膳食院、医药院等六个不同功能的文化园区及中轴线上的牌楼、明镜台、傅公祠、状元桥、真山堂、洞庭院等特色建筑。

进入中华傅山园，首先映入眼帘的是题名"中华傅山园"的大型石制牌楼（见图1）。该牌楼采用传统工艺，选取砂砾石材制成，造型别致，颇有视觉美感。牌楼设计巧妙，配件相互咬合，浑然天成，是三门四柱七顶式。牌楼高7.8米，寓意傅山先生人生的78个春秋。正中央

上方"中华傅山园"五个大字,遒劲有力,由著名学者姚奠中题写。中门立柱刻有傅山撰联:"饮水拂云玄圃外,丹峰青嶂洞庭秋。"牌楼造型生动,工艺精细,雕刻有龙、凤、云等各种中国传统纹样,气势磅礴,雄伟壮观,体现了傅山先生刚正不阿之人品。

图1 中华傅山园牌楼

穿过牌楼,是一条全长400米的商业街,寓意傅山先生诞辰400周年。街的尽头,有一处精美影壁。该影壁是仿明式建筑,墙体素灰抹面,上面绘有古晋阳外八景之一的"崛围胜境",主题新颖、色彩鲜明,给人一种别样之美感(见图2)。

图2 商业街和影壁

影壁背后与戏台相连，与山门相对，谓之明镜台，为仿明卷棚式歇山顶戏台，是园内开展文化活动的主要场所（见图3）。晋剧《傅山进京》曾在此演出。戏台从远处看就像一顶轿子，寓意抬着傅山先生入园，可见傅山先生在故里享有极高的待遇。戏台两边四根立柱上有两副楹联："喜喜悲悲，戏演人生人演戏；拼拼博博，情倾事业事倾情""看古看今，旷世风云来眼底；何亲何故，是非警世耐深思"。

图3 明镜台

绕过影壁，就来到中华傅山园文化广场。该广场占地面积8000平方米，视野开阔，是举行文艺演出等文化活动的重要场所。

文化广场正对面的傅公祠（山门），是一个仿明代道教风格建筑，也是中华傅山园的标志性建筑（见图4）。傅公祠为单檐歇山式顶，彰显了古朴、雄浑、端庄、厚重之风。门额镶嵌有集傅山字体的"履中""蹈和""峰青""霜红"等。品读之，既可感受傅公祠之宏大气魄，还可欣赏傅山之书法艺术。东西两侧按惯例建有钟鼓楼，代表着对人间美好的祝愿：钟鼓长鸣，盛世太平，世代相传，生生不息。

图4 傅公祠

进入山门,就来到了中华傅山园主景区。这里的建筑群也是仿明式建筑风格,其中,文化牌坊、状元桥、傅公祠大殿等建筑都位于中轴线上,其他单体建筑在中轴线两侧,左侧依次为农耕院、老子阁、儒学院、天门阵、学社院、膳食院等,右侧依次为民俗院、武圣阁、佛学院、黄河阵、拳武院、医药院等。

文化牌坊为八柱七门的石牌坊(见图5)。牌坊是中国文化的独特景观,是中国特有的建筑艺术形式和文化载体。牌坊正中间的匾额题有"正本清源",从左到右依次写有"亘古不息""与天地准""天开明道""正本清源""继天立极""象天法地""开物成务"。

图5 文化牌坊

穿过文化牌坊，就来到状元桥（见图6）。状元桥被八角形回廊包围，内置十二生肖，对应十二时辰，又融合了八卦理念。回廊围着的八角形水池内，水如碧玉，锦鲤游动，上面建有拱形石桥，名曰"状元桥"，桥上建有凉亭一座，顶部铺设琉璃瓦，亭内挂一大钟，形成水上有桥、桥上有亭、亭内有钟的独特景观。桥洞采用中国传统虹桥拱券形式，结构为青石砌券，中间为大主桥拱，桥两侧有十二属相石栏杆，寄寓一种文化信息，告喻游人要像傅山一样，读万卷书，行万里路，这样才能成为经世致用之才。

图6 状元桥

状元桥之后为"石道人"（见图7）。"石道人"是傅公祠院内的一块奇石，此石形如汉字"山"，石质为坚硬的北方青花岗岩石。这块石头上，正面镌刻着傅山78岁时创作的《晋公千古一快》四条屏中的"道"字，为傅山的典型狂草字体，起笔宛若游龙之首，体现了傅山书法的艺术高度。由于傅山坚拒剃发令，曾出家当道士，道号真山，又号朱衣道人，为寓意傅山"其志弥坚，介然如石"之独立精神，因此把这块奇石命名为"石道人"。"石道人"两旁竖有两通大碑，上书联语"真山浩气藏斯地，志士丹襟向故园"。

图 7 "石道人"

"石道人"之后是一组窑洞，称为洞庭院，是仿道教道观的建筑形式，采用传统工艺和材料砌券而成，表面用石材裱砌，尽显道观庭院之风韵。洞庭院面阔五间，内设暗堂，旁配两小窑洞为出入门，这里有傅山生平展（见图 8），以图文并茂的形式，展示了傅山的生平事迹以及他在思想、书法、绘画、金石、训诂、诗文、戏剧、武术等方面的学术成就和艺术成就，从而帮助人们解读中国 17 世纪思想文化界"百科全书式"的"奇人"。通过傅山生平展，人们可以领略傅山思想的深邃，体验傅山文化的博大精深，感受傅山人格的独特魅力，认知傅山多才多艺的艺术人生。通过让后人了解傅山的身世，走近傅山的精神世界，学习傅山的思想文化，研究傅山的艺术成就，感受傅山的高风亮节，有助于传承和弘扬傅山文化，并从中找到与现代文明的契合点，服务时代发展的需求。

图 8　洞庭院傅山生平展

真山堂是园区内的主体标志性建筑，位于园区南北中轴线的北端，是民众敬拜傅山先生的重要场所。大堂坐北朝南，面阔七间，进深三间，平面呈正长方形，四檐有廊，下承青石台基，上建重檐歇山式殿顶，举架平稳，上覆青瓦素脊，又以青色为基调，间以紫红立柱、彩绘梁架加以修饰，彰显了古朴端庄、典雅纯和、玄静清幽之明式道观风格。堂内塑有傅山端坐雕像，形神兼备，惟妙惟肖，再现了傅山端庄、刚毅、慈祥、富有气质的形象，令人肃然起敬。傅山坐像后正中央，悬挂有仿傅山生前书写的"气生道成"木匾（见图9）。雕像两侧，是傅山先生书写的十二幅书法条屏，此书法作品遒劲有力、笔法多端、大小匀谐，体现了傅山书法艺术中"四宁四毋"的独特风格。大殿东西两侧，竖有四十通碑文，上面刻有傅山先生真、草、隶、篆、行诸体书法作品。

图 9　真山堂及傅山雕像

　　主轴建筑的两侧为中华傅山园的六个院，沿主轴对称分三对，分别为膳食院和医药院、学社院和拳武院、农耕院和民俗院。

　　——膳食院和医药院有古寺院的风格，并在建筑形式上将中式建筑元素和现代建筑手法相结合。该组建筑主张"天人合一、浑然一体"，讲究静和净，追求人与环境的和谐共生。

161

膳食院为了展示傅山先生关心百姓生命疾苦和身心健康的情怀，将中医药理学与营养学中食物的药用作用有机地结合，研制出药膳养生食品，以惠及百姓、造福百姓。膳食院按照傅山先生的行踪与人生发展的历程，设置了三个餐厅，分别是"朱衣道人杂饭饭""青主养生十盘碗""傅山孝母八珍汤"。二楼是高山养心堂，其几个厅堂分别为"旭日百子观""日月一片槃""悟道同源"等，是富有鲜明的傅山文化色彩的文化康养场所。中华傅山园是国家非物质文化遗产"中医养生·药膳八珍汤"的传承单位。"药膳八珍汤"俗名"头脑""长寿汤""益母汤"，是中医"药食同源"和"治未病"、强调保健滋补理念指导下不可多得的一种药膳清真食品，由傅山先生于明崇祯年间研创，在太原地区已传承了近400年，是一道独具特色的地方名吃。坚守八珍汤的传统制作方式，保持傅山先生研制八珍汤的初衷，坚守保健饮食文化，传承人间孝悌精髓，弘扬民族康养精神，增强百姓养生理念，惠及太原以及山西人民，为确保三千万山西父老的健康奉献聪明才智，是中华傅山园传承国家级非遗坚守的宗旨。

医药院旨在传承傅山先生的医品医德，弘扬傅山先生"医者，性命攸关之业。善可泽被苍生，恶则草菅人命。是以方剂所设务求其验，药料所采务求其真，后堂所修务求其精，丸散所成务求其用。必若履薄冰而后得，万不可等闲视之！"的医药堂训。同时医药院内开设了义诊医药堂，旨在一切以人为本，更好地服务民众、惠及民众，弘扬傅山先生普济众生的精神。

——学社院和拳武院有民国建筑风格。民国建筑风格的特点是，既保留了中国的传统建筑风格，又吸收了一些西洋建筑风格，具有从传统向现代过渡的特点。该组建筑包括具有欧式古典主义风格的建筑构件，如拱门、开间、阳台以及柱式和连续券、装饰和雕刻、室外廊道等。

学社院是山西省三晋文化研究会傅山学社所在地，傅山学社坚持对中华优秀传统文化的创造性转化与创新性发展，提炼展示三晋文化的精神标识和文化精髓。学社院也是山西省教育学会青少年研学实践课程基地、师资培训基地，旨在通过研学傅山文化，增强文化自信，坚定走中国特色社会主义道路，激励青少年立志肩负起民族复兴的历史重任；培养青少年的民族精神和爱国主义情怀，以扎根人民，团结奉献，报效祖国；培养学生良好的道德情操，做一个有大爱、有大情怀、有人格尊严的人；培养学生敢于担当、不懈奋斗、乐观向上、刚健有为的精神；教育引导青少年勇于创新，勤于实践，提高综合素质和能力。

拳武院是傅山拳武养生传习所，旨在挖掘、整理、研究傅山拳武文化，推广傅山拳术、傅山五筋骨法，提高全民身体素质。祖国医学，博大精深；中华武术，源远流长。二者融会贯通，互补互促，交相辉映。傅山先生精医技，擅剑术，尤长于醉拳，著有《傅氏拳谱》。为了光大傅山先生的拳术，拳武院开展了免费武术传授活动。

——农耕院和民俗院具有传统四合院的特色。四合院有较为合理的空间安排，布局严谨，讲究对称，自成天地，环境清雅，封闭性强，具有防火、防盗等优点。四合院以其内部空间的宽敞，室内结构与庭院空间的有机结合，深受大家的喜爱。

农耕院是中华傅山园农耕文化传播场所（见图10），院内陈列着太原北部地区的农耕特色工具以及生活器具1000余件，这些器具展现了昔日农耕的辉煌和传统农耕文化的精髓，让游客了解中华传统农耕文化的魅力，记住中华民族之根。农耕院紧密结合傅山故里农耕文化，一方面让人们了解历史上春种、夏管、秋收、冬藏的流程，启发人们忆昔思今，体验社会的不断发展和巨大变化；另一方面让人们体会旧时代农民面朝黄土背朝天的艰辛，深切回味"锄禾日当午，汗滴禾下土。谁知盘中餐，粒粒皆辛苦""一粥一饭，当思来处不易；半丝半缕，恒念物力维艰"等名句格言，珍惜今天来之不易的幸福生活，唤起民众的爱国情怀，进一步推动农业生产的科学发展。

图 10　农耕院

民俗院在山西省妇联和太原市妇联的支持下，打造了传统家风家教展览馆。家风家教展览馆分四部分，即"先哲清芬""红色典范""傅山彝训""晋商克家"。展览馆介绍了 50 个优秀代表人物，包括 31 个山西省内具有代表性的名人名家、10 个红色典范代表人物、8 个晋商克家代表人物和傅山先生。通过介绍古代先贤的传世家训，讲述当代家庭的文明故事，旨在为传承中华优秀传统文化提供微观载体，为弘扬社会主义核心价值观提供现实生活中的直观案例，为家庭、家教、家风建设提供有益借鉴，让更基本、更深沉、更持久的文化力量浸润我们脚下的每一寸土地。2021 年年底，又建成了"巾帼英杰"展示馆，选取 16 名巾帼英杰，展示她们得益于家风家教的成长历程，以及为后人留下的名言警句。

三、突出传统建筑风格，彰显傅山文化永不褪色的价值

（一）中华傅山园的建筑风格

建筑是凝固的历史，文化是城市的灵魂。遍观中华傅山园，建筑古朴，意境开阔，传承了中国古建筑的精华，体现了中国传统建筑的风格与特点。

1. 建筑与自然的和谐

中国古建筑非常注重与自然的和谐。在中华傅山园中，建筑师巧妙地将建筑布局与自然景观融为一体，通过山水的引入和园林的布局，创造出一个既具有实用性又富有审美价值的空间。园中的亭台楼阁、曲桥流水都巧妙地利用了地形与水系，使得整个园林景观既有序又不失灵动。

2. 文化与历史的融合

中华傅山园不仅展示了傅山先生的生平事迹和学术成就，还通过家风家教展览、非物质文化遗产项目展示等形式，宣传了德孝文化、忠义文化、诚信文化、廉政文化等，使游客在欣赏传统建筑的同时，也能深刻感受到中国传统文化的魅力。

3. 园林式与对称式设计

中华傅山园在设计上充分考虑了园林的复杂性和趣味性，处处有院、院院有景，变化多而不乱。如状元桥被一座八角形回廊包围，内置十二生肖，对应十二时辰，又融合了八卦理念，形成了水上有桥、桥上有亭、亭内有钟的独特景观，这种设计不仅增加了园区的观赏性，也为游客提供了丰富的文化体验。另外在设计中采用了中国古建筑常用的对称手法，如文化牌坊、状元桥、傅公祠大殿等建筑都位于中轴线上，其他单体建筑在中轴线两侧，形成了主次分明的布局，这不仅体现了古代中国的宇宙秩序观，也反映了对称美在中国传统审美中的重要地位，同

时轴线的设定使得游览路径有序、观赏视角多变,增强了空间的仪式感和秩序感。

4. 精湛的建筑技艺与装饰艺术

中华傅山园的建筑细节处处体现了张果元一众建设者的巧思与匠心。屋顶的琉璃瓦、雕刻精美的檐口和斗拱,都是中国古建筑特有的艺术表现形式,它们不仅具有实用功能,也有很高的观赏价值。另外,从门窗的格子、雕花的梁柱到墙面的浮雕,每一处装饰都蕴含着深厚的文化象征意义。

(二)中华傅山园的时代价值

中华傅山园古朴、端庄、雄浑的仿古祠庙式建筑群,蕴含着丰厚的中华优秀传统文化,在让人们走进可感可及的傅山世界的同时,呈现出当下意义上的时代价值和实际功用。

1. 礼敬往哲先贤的文化场域

中华傅山园的建立本身就是对中国传统文化的传承和致敬。通过展现傅山的文化精神和审美追求,将这种传统文化氛围重新带回现代人的视野中。园内的建筑布局和设计反映了明清时期的建筑特色,融汇了当时的建筑技艺与园林美学,使得每一次走进中华傅山园,都仿佛穿越回了那个文人墨客云集、讲求文雅和与自然和谐共处的时代。

2. 开展技艺传习的实践基地

中华傅山园不只是一个游赏的地方,更是一个教育和学习的场所。园内的每一个组成部分都可以作为学习中国古建筑知识的教育资源。例如,园内的建筑多采用木结构,精湛的榫卯技术和美丽的斗拱装饰不仅展示了古人的建筑智慧,也让现代的建筑师和学者能够研究和学习传统技艺。此外,园内亭台楼阁的命名和装饰艺术都蕴含着丰富的文化象征和哲学思想,为现代人提供了一种了解和学习古代文化的方式。

3.进行修身养性的精神栖园

在现代化快速发展的背景下,中华傅山园的存在有助于人们思考如何平衡现代与传统、城市与自然之间的关系。它不仅保存了一种古老的建筑风格,更重要的是保存了一种生活方式、一种审美观和一种与自然和谐共处的哲学。中华傅山园通过其深厚的文化底蕴和独特的建筑风格,为现代社会提供了一个反思和回望的空间,使人们能够在忙碌和喧嚣的生活中找到一方静谧和思考的场所。

四、结语

傅山文化是灵魂,傅山精神是血脉,中华傅山园是承载傅山文化、传播傅山精神的神圣家园。如今的中华傅山园,以其便利的地理区位、古朴端庄的建筑群、优雅精致的人文环境、独特丰富的教育素材、功能齐全的配套设施,以及造诣高深、知识渊博、立意高远的研究专家队伍,在传承中华优秀文化、礼赞伟大祖国、讲好山西故事、展示太原形象、启迪教化民众、服务施惠社会等诸多方面,发挥着日益凸显的重要作用。

(执笔人:王博、梁文旭、孙国华)

中华优秀传统文化滋养的清酒酿造福地
——太原酒厂变与不变的中和之道

太原酒厂有限责任公司（以下简称太原酒厂）始建于 1950 年，是国有独资的中华老字号白酒酿造企业。《太原酒厂志》记载："晋酒酒脉，自先秦时代起始，到南北朝时闻名天下，再到唐宋时闪耀于北方，明清时领全国之风骚，呈峥嵘之势。"根据太原酒厂提供的资料，历史上晋酒有"汾清同源，一脉两支"的说法，现在的太原酒厂及其晋酒、晋泉等产品就是传承自晋酒"汾清"中的"清"脉。1993 年，原国内贸易部首次授牌"中华老字号"时，太原酒厂就榜上有名。2010 年，商务部再次授予太原酒厂"中华老字号"称号。

据《太原酒厂志》记述，从 1950 年召集省内各个酒坊的酿酒匠人来酒厂工作并以手工作坊的方式建厂，到如今成为营销网络覆盖大半个中国的白酒企业，太原酒厂不仅继承了千百年来三晋美酒独特的酿造技艺，更使得"汾清"酒脉之"清"脉得以传承。可以讲，现如今的太原酒厂，在中华优秀传统文化的滋养下，经过一代又一代人的辛勤耕耘，已成为并州大地上一块正散发着浓郁芳香的清酒酿造福地。

一、君子务本，本立而道生

《论语》中讲："君子务本，本立而道生。"王阳明也曾说过："有根方生，无根便死。"任何事情都有其相对的根本与末节，就如一棵树一般，培元固本，方能枝叶繁茂，君子的责任就是培养根本。

传统酿酒技艺和中华优秀传统文化就是太原酒厂的"根"和"本"。酒厂自成立以来，扎根本行，不离不偏酿酒主业。作为太原市唯一一家专业酿酒的国有企业，太原酒厂以其风格独特、质量稳定、物美价廉的特点，赢得了广大消费者的青睐。进入21世纪后，为了遏制市场萎缩、产量下降、效益下滑的严峻态势，2013年年底，上任伊始的新一届领导班子，秉持"本立而道生"理念，求真务实搞企业，带领酒厂坚定不移地走传承与创新并举之路，立足于祖传酿酒技艺，聚焦主业不折腾，扎实作为，勠力前行，使企业发生了翻天覆地的变化。

晋酒酒脉，是中国酒文化和晋文化中都不可或缺的重要组成部分。太原酒厂自建厂始，就以酒脉传承为己任。为了传衍晋酒酒脉，太原酒厂从筹备开始，就积极联系原太原酒业同业公会成员，并召集省内各个酒坊的酿酒匠人来酒厂工作。那时，来自四面八方的师傅们，捐弃门派之嫌，切磋技艺，将全省酿酒业的技术精髓融合到一起，为酒厂主业的发展奠定了坚实的传统技艺基础。因此可以说，晋酒的传承，是技艺的传承，也是晋酒人集体智慧的传承，还是三晋酒文化的传承。

务本是一种坚守。《朱子语类》中记载的"只是眼前底事，才多欲，便将本心都纷杂了"，为我们敲响了警钟：过多的欲望会导致本心不再纯净。太原酒厂自建厂以来心无旁骛，坚持"用心酿造、精准管理、确保质优、跃升品质"的发展理念，确立"产品就是人品，质量就是生命"的质量观，按照"守正创新"的指导思想，扎扎实实做好标准化管理，倾力打造深入民心的"民牌"产品。

《诗经》很早就对人类提出了一个恒久的告诫："靡不有初，鲜克有终。"凡事都会有开始，甚至是野心勃勃的开始，而坚守下去的却不多。相较于雄心壮志，人对初心本真的坚守更加难能可贵。张跃军董事长在太原酒厂一待就是十年，十年磨一剑，他多次放弃职务晋升的机会，用十年的时间和对事业的执着、对技艺的坚守，成功地带领太原酒厂从每年 2000 万元的销售收入飞跃式增长到 5.47 亿元。

朱熹在《四书章句集注》中有言："君子务穷理而贵果断，不徒多思之为尚。"张跃军董事长秉承古语之理，目标明确，行事果断，紧盯"市场风向标"这一智慧切入点，凭借敏锐的市场洞察力、超前的经营理念和务实的工作作风，打破常规，实行扁平化管理模式，推进销售体制改革，紧扣市场脉搏，多渠道拓市场，多举措谋发展，及时有效调整市场战略。另外，把营销战略和营销管理放在企业经营的首位，提出"定价即定位"的营销理念，在市场心理研究、产品体系合理升级、与经销商开拓渠道合作共赢等方面，开展扎实细致、持续发力的系列活动，取得了显著成效。

2020 年年初，一场突如其来的新冠疫情席卷全球，是罕有的"黑天鹅"事件，整个酒类行业也受到巨大冲击。"道行之而成"，企业需以果敢之行来践初心本念。面对疫情影响与战略目标不变的双重压力，太原酒厂领导班子快速反应，迅速调整产品以适应市场变化，形成中端、次高端、高端市场齐头并进的态势，成效明显，全年实现利润达 3600.87 万元，表现出作为"中华老字号"酒企的强大抗压力和复原力。

二、观大势而谋全局

《礼记·中庸》有云："凡事预则立，不预则废。"《论语·卫灵公》有言："人无远虑，必有近忧。"古人还说："不谋万世者，不足谋一时；不谋全局者，不足谋一域。"这都是有关预见性、全局性的至理名言。正是本着这样的前瞻性、全局性战略考量，"太酒人"踏上了太原市中华老字号酿造特色小镇（简称酿造小镇）重点转型发展项目的高速列车，太原酒厂的综合竞争力历史性地跃上了一个新的台阶。

鉴于城市化进程不断加快和产业园区可以带来规模化、集约化效益，且为了将老字号企业所蕴含的丰富的商业元素、深厚的历史文化以及独特的酿造工艺更好地呈现出来，太原市杏花岭区政府决定太原市中华老字号酿造特色小镇（简称酿造小镇）重点转型发展项目于2018年正式上马，旨在通过对太原酒厂、益源庆、东湖醋、老乡村等区内知名中华老字号企业的整体搬迁和资源整合，以产业集群的规模效应，打造集酿造生产与研发、工艺检验、康体养生、文化科普、大数据服务于一体的"醋山酒谷，中华酿都"。

"天人合一""万物并育"，酿造小镇促进了人与自然的和谐共生。酿造小镇地处太原东山地区，属沟坡地形风貌，具有优质的水资源，便于藏风聚气，适合窖藏，这使酒厂的地缸发酵工艺如虎添翼。同时，酿造小镇设计规划的旅游观光、餐饮服务、生态休闲等产业，还能通过产业间的循环互补、功能叠加、效益外溢等产业集聚作用，增强区域酿造业的整体实力，进一步强化中华老字号的影响力和辐射功能。

太原酒厂老厂区位于市区，厂区规模不大，扩大产能受到场地条件的限制。随着市场需求日益增长，产能受限将会带来一系列的负面影响。在太原酒厂发展势头强劲、收益可观时，企业领导班子居安思危，观大势而谋全局，科学规划未来，加快企业转型，抓住了整体搬迁转型升级建设酿造小镇的历史机遇（太原东山中华老字号酿造小镇酒厂全景概念图见图1）。在项目上马后，太原酒厂积极响应，迅速行动，于2018年5月率先进行了新厂区的施工建设。截至2023年年底，太原酒厂在酿造小镇项目中累计投资6亿元。目前，以酒厂为主体的一座酿造小镇正在太原东山上快速崛起。

图 1　太原东山中华老字号酿造小镇酒厂全景概念图

实际上，2022 年太原酒厂就成为入驻酿造小镇的第一家企业，一期占地 150 亩，建成了原酒酿造基地 2 座，原酒生产能力达 1.5 万吨，年产成品酒 3 万吨左右，并具备年生产 5 万吨的规模。"来而不可失者，时也。"太原酒厂抓住了历史机遇，综合竞争力历史性地跃上了一个新的台阶，实现了可持续、高质量的发展，并以全新的姿态开启了企业新纪元。

三、量"体"定"改"，"义者，宜也"

太原酒厂随着时代的变迁，经历了建厂初期、计划经济时期、体制变革时期以及现在的现代化管理时期等不同的历史阶段。"义者，宜也。"太原酒厂在时代的洪流中，不随波逐流，不跟风盲从，而是根据企业实际，以对企业"宜"为出发点和归宿，量"体"定"改"，形成了与企业自身契合的发展管理模式。

在 2017—2018 年的企业改制中，太原酒厂严格遵循现代企业制度的"十六字"方针，结合企业实际，形成了坚持党的领导，加强党的建设、完善体制机制，依法规范权责，公司法人治理机构各负其责、协调运转、有效制衡的根本制度体系。在组织结构方面，压缩管理层级，实行扁平化管理，实行事业部制，跨省域设置办事机构，等等。

在技术改良与工艺革新方面，实施"提档升级，优质优价"策略，持续进行产品结构调整；采用了国内领先的激光二维码防伪溯源系统，使每瓶酒有了唯一的"身份证"，形成了从生产到流通到消费者的真正意义上的防伪溯源体系。

在市场营销方面，建立多渠道、多平台，实行线上和线下相结合的营销方式，不断发掘新的市场机会和潜在客户群体，进入新的市场领域，扩大产品的市场份额。

在树立品牌形象方面，除了积极参加国内知名展会、省市级官方媒体的宣传活动外，还开展了各种产品推介活动。尤其在2019年春节期间，太原酒厂作为中华老字号白酒酿造企业，同其他9家本土老字号企业一道，代表山西参加了"中华老字号·故宫过大年"主题活动，为太原酒厂系列产品走出山西、亮相全国打下了坚实基础。另外，在产品包装设计上，太原酒厂也做了大胆的改革和升级，让"老酒换上了新颜"，产品一经推出便受到了广大消费者的认可与青睐。其中，"晋泉清圣"与"晋泉朝夕"荣获2024缪斯国际设计金奖，"晋"酒荣获缪斯国际设计白金奖。

值得指出的是，以张跃军为代表的太原酒厂决策层，在谋划和确定企业改革主题、制定和实施改革方案中，始终突出一个"实"字，即改什么、怎么改、从哪儿改，需本着"宜"的原则，围绕企业战略目标和中心任务，紧扣企业现实矛盾和实际问题，带有鲜明的"以我为主，为我所用"的务实精神。以张跃军为代表的"太酒人"始终坚信，企业成功与否的关键在于运行机制，而运行机制是否有效关键在于组织机构设置是否科学合理。为此，一方面，在指导思想上旗帜鲜明地淡化"体制内"与"体制外"之争；另一方面，在实际运作中，不折不扣、坚定不移地推行现代企业制度。在各项工作中进行去行政化改革，大力突破行政束缚与桎梏，消除各种人为阻碍与羁绊；千方百计争取经销商的支持和拥护，把越来越多经销商的力量揽入太原酒厂的销售队伍中，以求形成合力，共同发展；等等。应该说，这些举措都具有鲜明的企业个性化色彩。

四、变则通，通则久

《礼记·大学》有言："苟日新，日日新，又日新。"古人曾把这句话作为警言刻在浴盆上，以激励自己自强不息、创新不已。我们认为，这一体现着创新精神的中华优秀传统文化，在太原酒厂实现了"活态"转化。太原酒厂之所以能保持基业长青，正是因为"太酒人"有着求新图变、永不自满的开拓进取精神。"变则通，通则久。"正是这一根植于中华优秀传统文化基因的力量，给予了太原酒厂勇毅前行的旺盛生命力。

（一）培育新质生产力，延伸企业价值链

"太酒人"紧跟科技与产业革命的步伐，与时偕行，从原料、生产到销售进行了全方位的数字化转型，通过培育新质生产力，不断延伸和升级企业价值链。

1. 原料——产业后向一体化

好酒离不开好的原料。2024年4月，太原酒厂与山西农资集团有限公司、山西农泉科技有限责任公司在大同市阳高县签订了酿酒专用高粱供销及阳高绿色种植基地建设协议，计划在阳高县建立5万亩标准化酿酒高粱示范基地，力求从源头上把控产品品质。其间，三方代表就规范酿酒专用高粱绿色种植技术、开展酿酒专用高粱全程管理、培育适宜品种等内容进行了深入细致的探讨，并表示共同合作可以释放互补效应，开启互惠共赢的崭新篇章。三方合作将发挥各自的品牌与资源特色优势，持续深化在原粮采供、原粮标准化管理、原粮基地建设等方面的合作，在阳高地区共同建设标准化酿酒专用高粱绿色种植基地，为太原酒厂提供酿酒用优质高粱生产供应的全产业链服务。作为太原酒厂酿酒专用高粱的单一供应商，山西农资集团有限公司首年将建设4万亩高标准绿色种植基地，为太原酒厂提供2万吨优质酿酒专用高粱，保障高粱源头质量，助力提升"晋泉"白酒品质。

2. 生产——新质生产力加持

公司成立了专门的技术中心（以下简称中心），承担着产品工艺设计、新品研发、技术引进、质量控制、质量认证、标准化管理、市场信息研究、对外合作交流、创新团队建设等职能。中心参加的"晋酒大曲酒非物质文化遗产"项目，于2013年被收入市级非遗名录；2018年3月，中心承担的"其他酒类生产技改项目"，经审核首次获得"其他酒类——露酒生产许可资质"；2019年，中心代表太原酒厂参与了山西省食品工业协会发起的《清香型大曲白酒》团体标准制定工作。

太原酒厂的地缸固态发酵（见图2）和二次清蒸技术工艺，在太原地区是独自占有技艺。近年来引进的国内一流的高科技气相色谱质量技术分析检验系统和勾兑、计量、成装程控系统，为产品生产、质量维护、技术检验提供了有力保证，同时，已建成的6条自动化先进灌装生产线与高科技多米诺喷码防伪技术相得益彰。

图 2　太原酒厂地缸固态发酵

3. 销售——产业前向一体化

太原酒厂的电商部成立于 2015 年,是公司对外形象宣传与销售业务开展的重要窗口,担负着公司 OA 系统维护、官方网站运维及产品销售、公众号信息发布等一系列工作。2019 年 5 月,公司在知名电商平台成立了晋泉旗舰店,太原酒厂从此迈入了电商时代。

"明者因时而变,知者随事而制。"随着自媒体时代的到来,直播带货已经成为近年来销售的新热点。顺应时代的发展,太原酒厂控股的山西流霞电子商务有限公司已经成为其网络销售的重要数字平台。作为电商企业,该公司以直播带货为主要运营形式。公司直播设备精良,有专属的运营团队,通过应用数据分析、人工智能等手段,以直播打品牌、私域复购为核心,以京东、小红书、微博等全领域种草为辅助,从种草推广到直播获客,再到私域复购,形成了一个完整的营销闭环,使太原酒厂旗下的"晋泉"品牌快速实现全国扩张,形成规模化销售,实现企业与消费者双向沟通,迅速树立"晋泉"中华老字号品牌形象。

(二)制定多品牌战略,实行差异化竞争

山的智慧在于在坚守中求得巍峨,而水遇石则分,遇瀑则合,在变化中方能求得生存,所以水的智慧在于变通。"太酒人"制定的品牌战略与"水的智慧"不谋而合。近年来，太原酒厂在传统单一酒类产品的基础上，从文化、健康、典藏价值等维度出发，主要研发了晋泉、晋祠、傅山、晋酒、晋府等五大品牌的品牌酒，以满足不同市场的需求。

针对低中档市场营销环境不佳的现状，太原酒厂通过技术改良和酿造工艺的提升，率先在晋泉高粱白这一核心产品上提档升级，实行优质优价，不到一年时间市场销量就增长了30%左右，一举扭转了多年来持续亏损的局面。应该说，一个地方性白酒提价之后还能迅速获得销量增长，这样的案例在全国范围也是不多见的。

实行多品牌差异化战略的前提是依据不同的标志进行市场细分。为此，太原酒厂结合企业现有资源，在市场细分的基础上，开发上市了多种满足不同消费群体的产品。如根据青年消费群体的需求特点，开发了晋泉牌19度晋泉清酒。这是一款带有现代气息的超低度白酒饮品，以青年人动感、青春、活力、健康等特质为切入点，具有彰显时尚、表达个性、崇尚自由等产品特征，其酒体设计风格为清爽、绵甜、怡畅，属省内首创。又如，根据礼品与收藏市场的需求，开发了晋酒坊三十年珍藏系列。该系列产品以精选优质高粱、大麦、豌豆为原料，以秘法酿造，久贮珍藏三十年而成，具有清香纯正、绵软醇厚、幽香悠长之风格特点，并选用著名的宜兴紫砂壶为容器，堪称礼中佳品、酒中上品，颇具收藏价值。

酒是讲究文化的产品。在酒厂实行多品牌差异化战略，必然要加入文化元素。"太酒人"深刻认识到，一来好产品与好文化珠联璧合，相得益彰，能够使产品的文化价值发挥得更加充分，从而创造更多效益；二来太原酒厂作为中华老字号所蕴含的丰富的商业元素和传统文化及独特工艺，唯有贴上时代的标签，才能与今天的生活融为一体。基于这样的认识，"太酒人"致力于将产品与文化相融合，通过企业文化塑造企业形象，打造企业品牌；通过产品文化丰富产品内涵，提升产品质量和产品价值；通过营销文化拓展市场空间，实现产品价值，包括产品的文化价值。因此，应该这样讲，太原酒厂在开发一系列中高档品牌酒、文化酒、健康酒、年份酒、典藏酒的过程中，都特别注重挖掘其产品文化的深厚底蕴和丰富内涵。

例如，2015年，太原酒厂将封坛陈年原浆酒装进景德镇高档名瓷豆青裂纹釉琮式瓶，名瓷融名酒，形成了一款高端产品：晋泉牌53度晋泉礼佑高档白酒。该酒在遵循传统酿酒技艺的基础上，兼以创新的酿造工艺，具有香气淡雅、藏而不露、口味纯正、醇净、柔爽等风格特点。该酒所采用的瓷质琮式瓶，始见于宋代，沿袭了玉琮的基本形制，因其古雅庄重的造型，自宋元至明清，一直为皇家所钟爱。总之，该酒因具备了深厚的文化内涵和品牌价值，上市后很快便赢得了消费者的认可。

又如，傅山先生是中华文化中璀璨的人文文化的继承和发扬者，傅山文化在山西的社会影响是世人公认的。太原酒厂以傅山文化及养生理念为指导，开发出傅山硒酒、傅山锌酒、傅山铜酒等系列养生保健产品，并取名为"傅山吉祥三宝"。该系列产品皆荣获国家专利产品称号和"中国历史文化名酒"称号。该系列产品不仅是将有机硒、有机锌、铜元素的功能予以增强和升华，而且是对科学营养理念的重大创新，也是我国白酒行业的一次新尝试。"傅山吉祥三宝"进入人们的日常生活，无疑为人体补硒、补锌、补铜开辟了一条新路，对提高广大民众的生活质量和健康水平具有重大意义。

再如，在20世纪末被誉为"太原市酒"的晋祠贡酒，曾产生了"名酒进名店，酒好万家香"的品牌效应。俗话说：名酒之地，必有佳泉。酒以泉香，泉以酒美。自古以来，晋祠就有"佳泉酿美酒"并被列为贡品的记载。晋祠贡酒取三晋名泉"难老泉"水系之水,采用传统工艺,吸取现代科学酿酒技术精酿而成,泉香酒洌,源远流长。口感上,入口清香如晋祠山水占尽清幽,回味醇厚似三晋文化悠长久远,被誉为酒中上品。太原酒厂邀请国内名家,对晋祠贡酒进行重点挖掘开发,经过十年努力,终得佳酿。

近年来,太原酒厂出品的晋泉情怀系列酒、晋泉青白系列酒等主打产品,进一步赋予了晋酒文化以"情怀"的文化含义,展现了产品契合消费者心理的时代特质,把晋酒和酒文化、晋文化的深度融合推向了一个新的历史维度。

五、和衷共济,构建命运共同体

《论语》有云:"礼之用,和为贵。"儒家思想认为按照礼来处理一切事情,人和人之间的各种关系就能够恰到好处,彼此都能融洽。对于太原酒厂来说,"礼"是对员工"以人为本"的善待,更是对客商"义利合一"的厚待。七十多年风雨历程,历练了"太酒人",也教育了"太酒人"。一代代"太酒人",在奋斗中懂得了"以和为贵"的价值,也悟出了只有"以和为贵"才能"风雨同舟、和衷共济"的道理。正是有了这样的认识,太原酒厂与员工、供应商、经销商真诚合作,协同运作,构建起了彼此相连的命运共同体,为广大消费者呈上了一份又一份令人欣慰的答卷。

(一)用薪酬和福利留住人才,温暖员工

"民为邦本,本固邦宁。""济大事者,必以人为本。"太原酒厂以人为本,不喊口号;善待职工,不诺虚言。张跃军认为,一个好的企业家就要切切实实解决职工的吃饭、收入等方方面面的实际问题。酒厂为所有职工办理了"五险二金",并每月提供通信套餐、发放购酒补助。太

原酒厂没有劳务派遣人员，员工进厂后一视同仁，职工年平均工资由2014年的19596.78元增长到2023年的66862.23元。酒厂工会领导经常深入职工内部了解实际情况，筛查和完善困难职工帮扶信息和纸质档案，慰问生病住院职工，为职工的直系亲属去世送花圈和提供丧葬补助，并对生活困难职工发放救济金。每年的"三八"妇女节，工会会为在职女工发放现金红包等惊喜，在元旦、春节、重阳节等重要传统节日之际，通过实地走访慰问或发放慰问品等形式，把企业的关怀送到职工心坎上，让他们感受到"企业如家"般的温暖。

（二）用事业激励职工，凝聚企业人心

正如古语所言："民心惟本，厥作惟叶。"要想真正改变一个人的行为，必须从改变他的内心开始。太原酒厂实行全员销售模式，增强职工的责任感与积极性，用事业激发职工的工作热情，把职工的利益与酒厂的发展连接在一起，构建组织与个体命运共同体。以开放包容的制度，为员工营造了一个宽松的干事创业环境，从普通职工到领导干部，人人都可参与销售，批发价全员一致。在企业逐步形成了干部职工同甘共苦、一起奋斗的良好氛围，全体员工自发地生成一种由里向外的内驱力，推动着酒厂向前发展。

（三）用利益团结客商，义利合一，以和为贵

中国传统文化崇尚义利兼顾，认为两者是辩证统一的，是为"义利合一"。在同供应商、经销商互动方面，与大多数酒企一样，太原酒厂每年都会与上下客商举行联谊活动，在理念上视大家为利益共同体，让相关利益人获得实实在在的利益，此为"利"。与此同时，在"太酒人"看来，只有与客商真诚携手，才能从根本上实现互惠互利、共赢与共进。所以酒厂不给经销商硬性安排销售任务，因为从长期来看，强制市场销售对经销商来讲并不是上策，此为"义"。与客商真诚携手，相关利益人共同发展，此为"义利合一"。"义利合一"也体现了儒家伦理中"以和为贵"的精神核心。从2014年至今，太原酒厂从来没有出现过原料发生差异的情况，从源头上保证了消费者能随时喝到货真价实的酒。如今，太原酒厂正一如既往地为供应商、经销商营造一种义利合一、以和为贵的经营环境。

在中华优秀传统文化的滋养下，太原酒厂通过对传统技艺和文化进行"活态"转化，观大势而谋全局，因时而变，随事而制，在变化中求得了对晋酒酿造技艺的坚守与传承。总之，在坚守与变通中，太原酒厂展现出了无限的潜力和远大的前景，使得"中华老字号"的金字招牌更加熠熠生辉！"义者，宜也。"太原酒厂行稳致远，守正创新，走出了一条属于自己的变与不变的中和之道！

（执笔人：刘曦、缪文玉）

讲好紫砂故事，传承"厚道"文化

——山西乡宁紫砂文化传承发展之探究

山西金砂紫陶股份有限公司（以下简称金砂紫陶）成立于2017年，原名为乡宁金砂紫陶工艺美术有限公司，2022年进行改制后更名为山西金砂紫陶股份有限公司。其前身是王氏陶瓷老窑坊牖见斋，于清乾隆六年（1741年）创立于平阳府乡宁县瓷窑坡，距今已有近300年历史。公司现位于山西省临汾市乡宁县昌宁镇紫砂陶小镇A-2栋，法人代表为王仙鹏。公司主要致力于紫砂艺术陶、生活陶研发、加工和销售，以及非遗研学体验。截至2024年8月，公司有员工40人，其中省级工艺美术大师1人、市级15人、助理工艺师13人，非物质文化遗产代表性传承人省级1人、市级1人、县级3人。下设山西紫砂艺术研究院有限公司；与乡宁县职业中学合作建成了临汾北方紫砂陶博物馆、"牖见·牖见斋"陈列馆、紫砂陶艺产业学院。2023年总产值达到1400万元，营业总额达到1115.7万元。公司有五个金字招牌，即省级非物质文化遗产代表性项目（乡宁紫砂制作技艺）保护单位、省级文化产业示范基地、省级"专精特新"企业、省级高新技术企业和三晋老字号牖见斋。

一、格物致知，以文化人

作为牖见斋陶瓷老窑坊的后人，金砂紫陶董事长王仙鹏，继承祖业，矢志重振牖见斋的雄风，怀揣"痴情祖业兴紫砂，助力'三农'振乡村"的梦想，肩负起传承乡宁紫砂、发展乡宁紫砂、振兴乡宁紫砂的重任。王仙鹏是一个勤于思考的人，他总在思考：有没有一条可以实现长足发展的企业经营之道？能不能让企业、员工、客户都成为赢家？企业经营的意义到底在哪里？王仙鹏又是一个乐于观察和学习的人，在他的思想深处一直重视文化，尤其是中华优秀传统文化。他把中华优秀传统文化视为企业的根脉与灵魂，看作企业发展的动力源泉与市场竞争的关键元素，特别是当他发现很多企业家与企业管理学家都在研习中华优秀传统文化后，更加坚定了学习和传承中华优秀传统文化的决心。从2018年开始，他秉持"厚道厚学，成就成长"的理念，率领公司全体同仁全力以赴深入钻研中华优秀传统文化，孜孜不倦，上下求索，在实践中探索中华优秀传统文化与现代管理的融合应用。金砂紫陶公司外景如图1所示。

图1 金砂紫陶公司外景

乡宁人民是勤劳智慧、淳朴厚道的。王仙鹏在学习和实践中，不断地体味"厚道"的内涵。他常常给员工们讲："厚道"是什么？"厚道"就是"格物致知，以文化人""仁爱为本，以德服人""精工匠心，以诚待人"。他常常挂在嘴边的话是："为人厚道赢人心，处事厚道享厚福""天道酬勤，人道酬善。为人厚道，老天庇佑""厚道的人，甭管走到哪里，都有人欣赏；厚道的人，甭管遇到什么，都有人相伴"。为此，他在企业提出了"厚道乡宁，地道紫砂"的价值观，并把这八个大字悬挂在公司醒目的位置，时刻提醒大家、激励大家。他还每月组织大家学习中华优秀传统文化，学习以诚信为本的"厚道"文化，学习内含传统精髓的紫砂文化。

首先，王仙鹏给公司取名"金砂紫陶"，就得益于美丽的历史传说。相传，牖见斋的泥浸壶被人带到扬州，赠送给郑板桥，郑板桥提笔留下了"寻常金锁泥砂料，自然云锦夺天工"的赞语。王仙鹏受"金锁泥砂"四个字的启发，遂给公司命名为"金砂紫陶"。

其次是整理牖见斋的历史脉络与堂号含义。经过一段时间坚持不懈的努力，王仙鹏厘清了牖见斋的历史沿革，发掘了堂号蕴含的真谛。2021年2月，乡宁金砂紫陶工艺美术有限公司成功注册"牖见斋"商标并投入使用。2023年2月20日，牖见斋被山西省商务厅认定为第三批三晋老字号（见图2）。

图2 牖见斋被认定为三晋老字号

牖见斋是王氏陶瓷老窑坊，于清乾隆六年（1741年）创立于平阳府乡宁县瓷窑坡，是山西南部地区的"陶瓷专业户"，距今已有近300年历史。"牖"的本意是"窗户"，《说文》中段注："在墙曰牖，在屋曰窗。""牖见斋"堂号取自《吕氏春秋·审分览·君守》中的"故曰不出于户而知天下，不窥于牖而知天道"。《毛传》中记载："牖，道也。"《道德经》也有言："不出户，知天下；不窥牖，见天道。"牖见斋的古训是"选料真实为道之先"，既诠释了堂号理念，也反映了王氏先祖对经商之道的认知和恪守。经几百年传承至今，牖见斋仍不失其商业价值和文化魅力。

　　再者是进行专业性的历史考证与产业规划。2021年年初，王仙鹏想挖掘抢救乡宁紫砂文化的心越来越强烈了，经多方打探寻找，他毫不犹豫自掏腰包重金委托北京品牌智造规划设计研究院组成工作专班，进行乡宁紫砂历史源流考证、文化脉络梳理和紫砂产业的规划设计。两年间，专家组在乡宁行走窑址、现场考证，遍访民间、寻珍探宝，研读古籍、史海钩沉（见图3），并前往中国紫砂之都宜兴考察学习调研。2021年7月，举行了乡宁紫砂产业发展论坛（见图4）；2022年6月，召开了乡宁紫砂品牌文化研讨论证会；同年7月，专家组在丁村民俗博物馆举行了乡宁紫砂历史源流论证会（见图5）。通过地理线索与考古实证，逐渐厘清乡宁紫砂的历史源流与文化脉络。2023年3月20日，《临汾日报》两会特刊用两个版面做了专题报道（见图6）。

图3　组织有关人员查阅《襄汾县志》，寻找当年乡宁紫砂在扬州的历史痕迹

图4 乡宁紫砂产业发展论坛

图5 乡宁紫砂历史源流论证会

企业篇

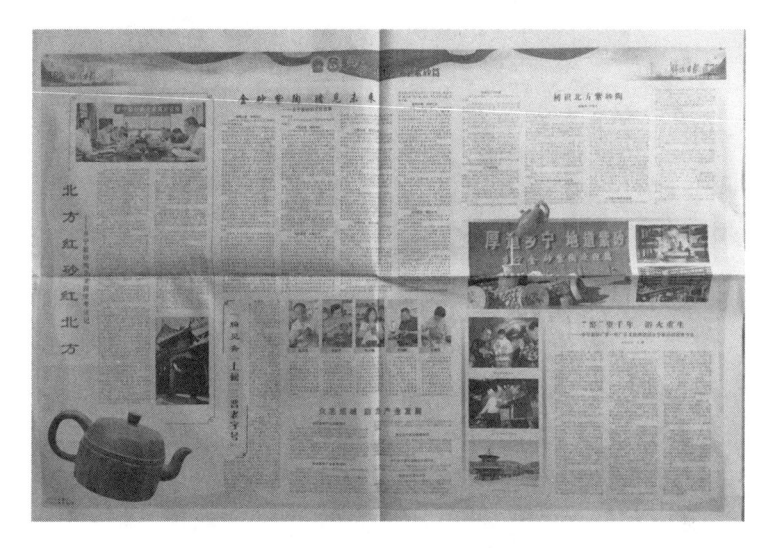

图 6 《临汾日报》专题报道

最后，王仙鹏热爱传统文化和紫砂文化，还表现在他热衷于紫砂博物馆事业。他托朋友、找亲戚，历经百般艰难，自费收集到历代紫砂陶器1700余件，与乡宁县职业中学合作建起了临汾北方紫砂陶博物馆（见图7），填补了乡宁紫砂产品、紫砂文化集中展示和教育的空白。2023年建起了两个分馆，一个是朔州陶瓷职业技术学院乡宁紫砂馆，另一个是紫砂陶小镇的乡宁紫砂"牖见·牖见斋"陈列馆。2024年国际博物馆日，举办了"世纪紫砂缘 五代乡宁情"老紫砂人座谈会和吴志文大师从艺五十年师生紫砂艺术作品展。2024年6月，在河北省平山县中山国博物馆举办了乡宁紫砂艺术作品巡展（见图8）。2024年还在朔州陶瓷职业技术学院、临汾职业技术学院、临汾市博物馆、晋国博物馆巡回展出。

图7 与乡宁县职业中学合作建设的临汾北方紫砂陶博物馆

图8 在河北省平山县中山国博物馆举办乡宁紫砂艺术作品巡展

经过多年的努力,金砂紫陶逐渐形成了中华优秀传统文化与现代管理融为一体的特色鲜明的企业文化体系,主要包括:"传承晋商开放精神,腩见乡宁紫砂传奇,打造一把纯原矿、全手工、健康的紫砂壶"的企业愿景;"乡宁紫砂,我们守护着;乡宁紫砂,我们传承着""为企业创造价值,为员工实现梦想,为客户带来健康"的使命;"厚道乡宁,地道紫砂;以质为本,诚信经营"的核心价值观;"文化传承、品牌引领、科技创新、市场驱动"的企业战略。

二、仁爱为本，以德服人

《论语·雍也》云："己欲立而立人，己欲达而达人。"王仙鹏的仁爱之德首先表现在与人合作共事上。2019 年，公司与乡宁县职业中学签订了"政、用、产、学、研"项目协议，进行校企合作，产教融合，以期通过合作达到资源共享、人才共育，培养建立北方紫砂之都急需的应用型人才。2023 年，公司与乡宁县职业中学、朔州陶瓷职业技术学院等共建省级紫砂陶艺产业学院，逐步实现中专、大专、本科贯通的学历提升，以保证学员在学技术的同时可以获得相应的学历。2022 年，公司适时调整，不拘泥于本家、本族、本地，拓展融资渠道，本着"分享利益，共同成长，共同发展"的原则，广纳社会资金，形成资本多元化、经营规范化的"股份制"资本组织形式，公司更名为山西金砂紫陶股份有限公司。

其次，王仙鹏的仁爱之德表现在关爱员工上。在处理劳资关系时，处处为员工着想，时时为员工谋福利。他一腔痴情，致力于培育乡宁紫砂传人。他给予员工最大的福利就是培训学习和技艺提升。公司通过"送出去、请进来"等方式，培养创新型紫砂人才。公司时常把员工送到宜兴培训学习，包吃包住包路费，有时员工一去就是半年之久。金砂紫陶不放过每一次机会，积极组织员工参加各级各类技能大赛，与大师面对面切磋技艺，提升技能水平。2023 年，4 名师生参加第六届山西省工艺美术陶瓷职业技能大赛，均荣获临汾选区优秀奖；参加乡宁县"陶艺杯"第三届职业技能大赛陶艺成型、紫砂文创设计、紫砂营销、茶艺比赛，获奖 103 人。截至 2024 年 8 月，公司员工荣获各级各类奖项 100 余项，其中有 1 个特等奖、1 个一等奖、4 个金奖、11 个银奖、10 个铜奖。

王仙鹏还特别关心员工的日常生活。多年来，金砂紫陶一直为员工提供营养丰富的免费午餐，发放节假日福利、年终奖励等。员工家里有婚丧嫁娶等事，王仙鹏总是第一个到场，帮忙操心；员工家里的老人病了，王仙鹏会亲自看望并积极帮助；等等。

最后，王仙鹏的仁爱之德表现在扶危济困的社会服务和奉献上。基于强烈的责任感和无私的大爱之心，王仙鹏积极参加社会公益活动，以实际行动回馈社会。2020年新冠疫情突袭而至，王仙鹏积极行动，向疫区人民捐款5000余元，向社会传递企业爱心；积极参加志愿者活动，为隔离人员送水送餐。金砂紫陶被乡宁县工商联（总商会）评为"爱心奉献活动先进单位"。近年来公司和个人获得的荣誉如图9所示。

图9 公司和个人荣誉

尤其重要的是，金砂紫陶还通过成立大师工作室、开辟"众创空间"、开展研学实践活动、与乡宁县职业中学合作实施中国特色学徒制等，全方位拓展社会服务工作。王仙鹏的工作室被认定为临汾市传统工艺（手艺）大师创新工作室、临汾市工艺美术紫砂陶瓷行业一级大师专业工作室。吴志文大师工作室被认定为省级工艺美术大师工作室。金砂紫陶创业基地被临汾市科学技术局认定为市级"众创空间"，公司鼓励老艺人在"大众创业、万众创新"的热潮中发扬工匠精神。公司与创客签订了紫砂非遗技艺传承孵化合作协议，对初次接触紫砂的爱好者（工手）进行培养孵化，为创客提供技术指导与创业咨询服务，截至2024年8月有46名创客在空间内学习紫砂工艺及紫砂文化（2021年至2024年8月，累计开展创业辅导23次，培训26场，展销15场，每月开展活动不少于3场，累计参加900余人次）。公司实行学徒制，举办开班典礼、组织拜师仪式，省、市级大师手把手地教学生紫砂制作技艺，还让紫砂班学生免费吃住在公司，跟着大师学习。截至2024年7月，累计接收校内14个紫砂班，1000余名学生参加紫砂技艺研习（见图10）。在研学实践活动中，公司提供完善的设计、制作工位200余个，配套独立烧制间，提供泥料或半成品，提供专业技术培训指导。截至2024年8月，金砂紫陶培育出省级工艺美术大师1人、市级15人，非物质文化遗产代表性传承人省级1人、市级1人、县级3人（见图11）。入驻创客的4人毕业后成立了公司，3人成立了大师工作室。现在，王仙鹏正在实施更大的培训计划，与生态文化旅游示范区管委会、乡宁县职业中学合作开展紫砂人才培训，解决大批农民工无技术、就业难的问题。

图10　在公司免费学习的乡宁县职业中学学生

图 11　紫砂传承人及大师

三、精工匠心，以诚待人

厚道乡宁，地道紫砂。"厚道""地道"都意味着诚实守信。以诚信立企、以匠心传承是金砂紫陶的本分和底线。多年来，公司始终坚持精于业、匠于心、品于行。王仙鹏董事长亲力亲为，是紫砂壶质量的把关人。他的梦想就是让人人都能用上一把纯天然原矿紫砂壶。在原料处理方面，王仙鹏坚守底线，绝不掺假，坚决不用化学方法处理紫砂原矿所含的铁元素。经过钻研，研究出了强磁性吸铁法，其"紫砂原矿加工设备的研发及应用"荣获"县长创新奖"优秀奖。

王仙鹏十分看重出产工艺考究的精品好壶。他经常去车间检查和指导生产，要求匠人们以工匠精神悉心打造每一把紫砂壶，从泥料处理到艺术造型，从嘴、把、盖、壶内的处理到点、线、面的协调，务必做工精湛，尽显紫砂风采。在生产过程中，对于有瑕疵、有缺陷的产品全部进行销毁，以确保生产出售的每一个产品都是高质量、益健康的紫砂壶，同时也确保非遗传承人的每一笔收入都是"不亏心"的合法合理收入。2019 年，金砂紫陶被临汾市中小微企业发展中心评为临汾市"管理标杆"中小企业（见图 12）。

图 12　金砂紫陶被评为临汾市"管理标杆"中小企业

金砂紫陶为闯出一条与宜兴不同的紫砂发展之路，以厚道人的韧劲，不断进行技术创新与发展。主要举措和成就如下：设立了山西紫砂艺术研究院，走"专精特新"发展之路；建立了创新奖励机制，鼓励员工积极建言献策，提出新的想法和创意；创业基地被临汾市中小微企业发展中心认定为"市级小微企业创业创新基地"；在泥料炼制方面，掌握了20—60目紫砂泥料的生产、加工和烧制技艺，主攻的"紫砂泥料研发应用"和"紫砂原矿加工设备的研发及应用"项目获得"县长创新奖"优秀奖，并配制出20余种颜色的泥料；在紫砂艺术品设计制作方面，继承乡宁传统紫砂生产工艺，增加了研磨、整口等20余道工序，研发出6个大系列180余款紫砂艺术产品（见图13），截至2024年8月，获得1项发明专利、1项实用新型专利、13项外观设计专利；公司牵头主持制定了北方紫砂陶泥料和紫砂陶制作技术规程两个团体标准、弱碱性小分子水杯和紫砂陶器两个企业标准，有利于进一步规范紫砂市场，促进紫砂产业发展。

图 13　企业工艺大师作品获奖证书

特别值得一提的是，公司通过多年研发试验，将乡宁不同地方的紫砂泥料按比例进行配比，加入麦饭石、石红、石黄等矿物质，制作的紫砂器皿可使普通水小分子化、弱碱化。"水小分子化、弱碱化紫砂泥料的研究与应用"课题，荣获临汾市科学技术局举办的2023年"华翔杯"临汾市创新创业大赛成长组三等奖（见图14）。目前，关键技术已突破，配置比例已掌握，正在积极研发康养水杯、酒具、枕头、汽车坐垫等紫砂康养系列产品，2024年年底投产后将会带动一大批农民工就业，有力地促进乡村振兴。

图 14　公司在临汾市创新创业大赛上获奖

厚道诚实，是中华优秀传统文化的主流价值观之一，也是中华民族尊崇的为人之道与处世之法。我们认为，讲好"厚道"故事，传承"厚道"文化，倡导厚道做人、地道做事，是金砂紫陶对中华优秀传统文化的实践与总结，也是金砂紫陶传统与现代相融合的成果与结晶，更是金砂紫陶做大做强、行稳致远的精神支撑和重要法宝。

（执笔人：许昱、曹红梅、尉六龙）

艺文篇

在企业VI中寻找中华优秀传统文化之美

在历史文化厚重的三晋大地，随处可见立意高远、古意盎然、寓意隽永的企业名称、字号、匾牌。这是晋商企业形象的首要表征，也是晋商精神的永恒载体；既带有对传统文化的尊崇，也满含对事业的期许和愿望；既承载着古风古韵之情，又洋溢着亦秀亦雅之美。

一、乾和祥的字号文化

凡是去过乾和祥的人，都会对其字号文化产生深刻印象。之所以如此，是因为其内含着丰富而厚实的历史文化。鉴于前面已经详细介绍，故本篇从略。

二、凯嘉集团的企业标志（Logo）及含义

在凯嘉大厦一楼的凯嘉文化展厅，人们驻足热议最多的是凯嘉集团的企业标志（见图1）。对此蓝白橙三色组成的Logo，凯嘉人热情地进行了详尽的解释，指出了其中蕴含的设计思想、核心理念、行为准则、历史承载与向往追求。

凯嘉集团Logo以圆为主体，寓意凯嘉集团立足时代高点，追求可持续发展；以"KJ"为核心，刻画巍然屹立、勇猛果敢的凯嘉人形象；右半

图1　凯嘉集团Logo

部分"K"朝着太阳高速前进，象征着锦绣未来。

古老采煤工具与科技蓝相结合，勾勒了能源行业的厚重历史与深远影响；新生婴儿与光辉橙相融合，描绘了凯嘉集团用新生与希望点亮未来之光的愿景。

核心理念：凯嘉人

凯嘉两字的拼音首字母"K"和"J"巧妙组合成一个巍然站立的"人"形，表明以人为本的价值观，反映企业立足用户需求、提升员工价值、实现股东目标、服务社会民生的思想和形象。"人"字强调企业的人才理念，凸显了企业对人才的高度重视和人文关怀，意在让员工的个人价值与企业目标深度融合。

圆形，规矩方圆

标志整体呈圆形，折射智圆行方、上善若水的人生道德和智慧。凯嘉集团倡导依章治企，要求员工既有勇猛果敢的精神，又具备沉静内敛的气度。同时，作为能源企业，凯嘉集团立足时代高点，妥善处理能源与环境、经济利益与社会责任之间的关系，追求可持续发展。

科技蓝，记录历史

蓝色部分形似煤炭开采工具，科技感十足的蓝色体现煤炭行业生产工具的演变，体现凯嘉集团积极响应国家能源政策，构建大型能源集团，加快产业结构调整，使用先进科学技术积极促进人类不可再生资源的保护和利用。

蜕变，新生与希望

橙色部分犹如初生的婴儿，诠释凯嘉集团兼并重组后呈现的生机与活力。作为地方煤炭企业，凯嘉集团将整合煤炭资源，向煤炭主业规模化、产业多元化、管理现代化发展，成就品牌，创造辉煌。

三、太原一建集团的"家"文化标志性Ⅵ

当步入太原一建集团的办公区时，首先映入人们眼帘、吸引人们眼球的是立于走廊显赫位置的、一个大大的以篆体"家"为核心内容的精美牌匾，这就是太原一建集团的核心企业文化的标志性Ⅵ（见图2）。

太原一建集团的这个文化标志，以圆形为总体构型，造型稳重大方，设色古朴凝重；以"家"为核心要义，

图2　太原一建集团Logo

字体图形端庄典雅，要素内涵寓意深刻，向人们传达了文明和谐、团结奋进的"家"文化。

标志中间的篆书"家"字饱满苍劲，厚实挺拔，代表集团总（或母）公司，是企业的核心，是企业员工的"大家"；周边四种字体八个"家"，或清秀俊雅，或古朴拙正，或洒脱飘逸，代表所属单位与员工个体，是企业的子属与"小家"。"小家"环绕"大家"，整体寓意企业上下要正确处理"大家"与"小家"的关系，企业要与职工共享利益，职工要与企业共谋发展。四周采用回形纹点缀，寓意企业和职工岁岁平安吉祥。

标志中，"太原一建""一九五〇"方形印章，与整体圆形相辅相成，寓意天圆地方，表明了太原一建集团建企之年（1950年5月，太原一建经太原市人民政府批准成立），反映了太原一建集团70多年的奋斗发展史。

标志的统一尺寸为99厘米，寓意天长地久。

总之，太原一建集团的文化标志融合"家""方圆""回形纹""企业

简称""建企年份"等元素，把太原一建集团崇贤、尚德、建楼、育人的企业内涵进行了展示，彰显了太原一建集团具有特色的"家"文化理念。

四、双合成的视觉整合

"双合成"字号名称源于"和气生财，两人合作必能成功"的立号初衷。为了提升企业品牌效益，双合成对企业视觉标志进行了规范整合。

双合成在清末宣统三年将孙奂仑题写的金字黑底双合成牌匾悬于门首，成为当时人们所认可的象征性符号。20世纪80年代，双合成牌匾使用了山西著名书法家虹川先生书写的字样。20世纪90年代，双合成牌匾使用了山西书法名家王留鳌先生书写的字样（见图3）。

图3 双合成牌匾

现如今，企业注册和使用的主要是如图 4 所示的 Logo。其中："糕饼世家"四个字表明双合成的行业属性；"始于清道光八年"说明双合成的历史悠久；"诚"则代表诚心，一直以来，双合成都秉承"利从仁中取，财从信中来"的祖训。

图 4　双合成 Logo

五、山西水塔醋业股份有限公司的品牌含义

在山西水塔醋业股份有限公司工业园区门口的文化专栏里，专门有一块牌子是"水塔品牌诠释"。"水塔"二字的总体意思是：永远站在高处，福泽千家万户。含义是：水塔始终站在行业高处，包罗万象，诚信守义，品质高尚，灵活多变，顺势发展，意志坚定，勇往直前，无坚不摧，惠泽万家。为了引申"水塔"的含义，引用了《道德经》里"上善若水"的名句和孔子赞水德的名言，并从道德、仁爱、守义、智慧、勇敢、包容、正直、意志等多方面给予了与经商、做人相关联的理解式标注。我们认为，撇开其诠释、注解的文字意义，仅就作为国家 AAAA 级旅游景区来说，山西水塔醋业股份有限公司的这一做法，对企业员工和参观游客都有一定的宣传和教育意义。山西水塔醋业股份有限公司 Logo 如图 5 所示。

图 5　山西水塔醋业股份有限公司 Logo

山西水塔醋业股份有限公司是从老字号宝源老醋坊发展而来的。宝源老醋坊的企业标志图案源于宝源老醋坊大门的屋顶造型，并以黑白配色的水墨效果进行演绎，整体呈现出古朴、厚重的历史感；"老醋坊"三个字的书法苍劲有力，其英文字母的处理赋予了老醋坊国际化的时尚气息；"始于1428年"更是直接地指出了宝源老醋坊悠久的历史；传统的红色印鉴则画龙点睛式地点明了宝源老醋坊（见图6）。

图 6　宝源老醋坊 Logo

六、复盛公的字号标志及含义

复盛公的字号标志整体由三部分组成：一是身着清朝服装、头戴瓜皮帽、目光坚定有神、须髯飘逸整洁的老人头像，位于显赫位置，代表清代儒商或晋商人物形象，体现字号品牌的历史感与晋商遗风，蕴含晋商"诚信、勤奋、进取、敬业"之理念；二是字号名称"复盛公"这一金字招牌，三个字用隶书写成，居于中心位置，其中"复"寓意复兴基业的起点，"盛"寓意生意兴盛发达，"公"寓意买卖公平；三是"始于1801"的字号起始年代字样，充分传达了百年老字号的史承讯息（见图7）。

图 7　复盛公 Logo

品牌主色为"诚玄棕"。《说文解字》曰："黑而有赤色者为玄。"棕色是橙色和黑色的融合，代表着诚信、稳定、厚重、古朴，象征潜心医道、守正祛疾，传达扶济苍生的决心和意志，充满无限生命力和情感。

辅助颜色是"帝王黄"。其一，"黄"同"皇"，意为极致尊贵；其二，中国传统文化中黄色寓意吉祥，是五行中土的代表色，意为信实忠厚，有"信实土"之谓；其三，黄亦为金黄，既寓意复盛公乃传承220余年的金字招牌，又祈愿生意兴隆、金玉满堂。

七、宁化府益源庆字号的更易

益源庆最初是一个小作坊，位于宁化府胡同内，取名"一元庆"，意为"开元大吉，小店薄利多销"。清同治八年（1869年），易名为"益源庆"。"益"是利润，"源"为活水，"庆"乃庆衍，寄托对买卖兴隆、财源广盛的期许。1943年，益源庆东家朱氏吸大烟成瘾，生意败落，伙计张映瑀接手企业，重新登记，更名为"益源庆公记"。1956年，益源庆公私合营为新星食品酿造厂的一部分。1962年，成为全民所有制企业，划归太原市糖业烟酒公司柳巷副食品公司管理，称为"宁化府门市部"。后又多次易名，直至20世纪80年代中期改为太原市益源庆醋厂，成为独立经济实体。1998年改制成立太原市宁化府益源庆醋业有限公司。

现在益源庆的Logo（见图8）是2009年设计推出的，名称为"宁化府"，有三层含义。

（1）此标志运用了中国传统的印章形式，体现了公司诚信的经营理念；其外形酷似中国传统葫芦，有宝葫芦或醋葫芦的意思；又似一只不倒翁，寓意宁化府益源庆600多年不倒的历史。从整体形状看，体现了公司深厚的历史文化底蕴。

图8　益源庆Logo

（2）标志内部通过将"宁化府"的笔画变形，并用云纹进行修饰，寓意益源庆醋在曲曲弯弯的宁化府小巷中所散发出的阵阵醋香，同时也表现了公司蒸蒸日上的发展前景。

（3）标志采用中国红色调，用剪纸的艺术形式凸显出"宁化府"的图案，寓意宁化府益源庆酿醋工艺独特，公司祥和、喜庆、和谐。

八、山西梗阳的企业标志及含义

山西梗阳的企业标志（见图9）是对"梗阳"两个字的象形诠释。

（1）梗，是植物的枝茎，在图中起主导轴的作用，有耿直刚正之意。由梗字拼音首字母"G"对称演绎而成的"鼎"，神似两个人对坐拱手，体现谦虚、谦和的企业精神，也蕴含鼎天立地的决心和气魄，代表力量与实力。

图9　山西梗阳Logo

（2）标志外圆内方，象征阳光的一面，寓意正面、正语、正精进、正思维。

（3）"梗"与"阳"和谐，"阳"压制了"梗"中带刺、偏执的一面；"鼎"与"谦"暗合，符合中华易经学说变化中求统一的思想。

（4）核心部分由"鼎"字象形演绎，体现对中华优秀传统文化的传承，与梗阳"求真务实，超越自我"的企业精神和"以人为本，诚信共赢"的经营理念相契合。

九、蓝泰集团的司旗

对蓝泰集团司旗（见图10）设计的诠释如下。

图10　蓝泰集团司旗

（1）总体图案。司旗总体图案由底色、公司Logo与环绕的十颗五角星三部分组成。该司旗既端庄凝重，又鲜艳明亮；既色彩纷呈，又主题凸显；既承载着本质精神，又昭示着道路方向。

（2）司旗底色。司旗底色为上红下蓝、各占一半。红色采用中国红，象征着太阳、光明、生命和希望；蓝色选用深蓝色，象征着蓝天、海洋、创新、智慧和未来。同时，中国红又是国旗、党旗的本色，蓝色也是蓝泰集团的标准色。因此，整个底色又寓意蓝泰集团的旗帜引领和方向，即在中国共产党的领导下，紧跟中国新时代发展的步伐，坚守初心使命，不断加大科技创新力量，向智慧化高品质服务迈进。

（3）公司Logo。公司Logo居于司旗中心，意谓重中之重。公司Logo具有三层含义。

①五星轮廓，五星标准。徽标由蓝泰两字拼音首字母"L"和"T"变形叠置而成，呈五角星轮廓，并内含镂空五角星。一方面，五角星有团结、仁爱、勇气、胜利、吉祥、和谐、稳定等多重象征意义，又恰与中国古代五行相生相克关系的连线图一致，内含着中华优秀传统文化的精粹；另一方面，五角星还宣示了蓝泰集团的五星级标准，即无论服务品质还是服务等级都要做到五星级标准。

②向心聚合，融凝精华。从图形架构上看，各个字母从四面八方朝中心齐拥聚拢，勾连巧妙，气脉贯通。既象征蓝泰集团包容万千气象，汇集天地祥瑞；也表征蓝泰集团招徕八方才俊，赢得四时财富；还寓意蓝泰集团上下同欲，团结一致，凝心聚力，共谋发展。

③平衡对称，稳固安泰。Logo整体图案呈对称布局，上下左右均衡排列，平稳协调，严谨扎实。既有蓝泰集团的"蓝天碧水，泰然其中"的寓意，又如同一枚印章，象征了蓝泰集团对中庸、诚信、仁义等中华优秀传统文化的坚守与传承。

（4）环绕的十颗五角星。十颗五角星分五颗黄色五角星与五颗蓝色五角星，环绕公司Logo对称均匀分布，总体上呈现出群星璀璨、光芒闪耀以及群星拱Logo的视觉感。

①群星璀璨，光芒闪耀。上方五颗黄色五角星，衬以红色底色，首先象征着蓝泰集团对党和国家的忠诚，其次表征着企业高度的社会责任心，最后还寓意智慧之光照亮企业前行的道路。下方五颗蓝色五角星，以蓝泰集团的标准色蓝色为底，首先是指蓝泰集团的"五化"高品质服务发展战略，即以实现规范化和高效化五星级标准服务为圭臬的"标准化、精细化、专业化、智慧化、绿色化"，其次表征着蓝泰集团擘画的各项创造性发展蓝图，最后还寓意实现"蓝天碧水"美景的种种努力。

另外，十颗五角星也有"十全十美"的象征意义，正契合了蓝泰集团"坚韧、严谨、完美、高效"的企业精神。

②群星拱Logo。将蓝泰集团Logo嵌入在十颗五角星中间的设计，既包蕴了公司Logo的全部含义，又反映了蓝泰集团立足山西、面向全国的战略指向与四通八达的美好愿望，还代表着蓝泰集团旗下的所有子公司、分公司紧密团结在集团公司周围，在司旗的引领下，"一群人，一辈子，一起走"，共同为打造百年品牌而奋斗。

十、六味斋的企业标志及含义

六味斋的企业标志是由阿拉伯数字"6"组成的一只正在翱翔的凤凰，寓意六味斋像一只振羽翀飞的凤凰，扶摇直上，翱翔天际，取"凤翥鹏翔，何可限量"之意，阐述的是六味斋蓬勃向上、志向高远和生生不息的独特内涵。同时，标志的另外一层寓意为"凤凰来仪"，正所谓"家有梧桐树，引得凤凰来"，象征六味斋人才聚集，正体现了"以人为本"的管理理念。红色的凤头，还寓意着六味斋人希望自己的企业常有"鸿鹄之志"，寄托了永盛不衰的美好祝愿（见图11）。

图11　六味斋Logo

（执笔人：王国丽、谢振芳）

企业诗、词、赋、记、联金句集摘

在中华文明的历史长河中，诗词赋记等文化形式，既是中华民族精神的阐述方式和载体，又是中国文化的重要组成部分和优秀传统。因此，用这些文化形式表征企业经营理念和展现企业生产活动，能够把博大精深的中华优秀传统文化贯入企业文化血脉，进而有助于形成传统文化和现代管理实践融合的时代精粹。我们在企业调研中欣喜地看到，正是本着上述认识，许多企业家对诗词赋记等有着很高的热情，或请名流高人操觚，或亲炙专家后亲自操刀，形成了一个个佳篇丽什，令人目不暇接。为了将优秀作品呈现于众，特择取若干奉闻于次。

根据我们见到的企业诗词赋记等，从其反映的内容来看，至少可分为四个方面：一是关于企业、产品和技艺的历史沿革，二是关于企业发展过程和奋斗历程，三是关于企业取得的业绩、积淀的文化和彰显的精神，四是关于企业未来的展望和祈愿。在这些作品里，不能说是字字珠玑、句句铿锵，但确有不少记叙创业历史、承载企业精神、反映经营理念、闪烁思想光芒的精辟字句，值得品咏摘记，传诵弘扬。

一、关于企业、产品和技艺的历史沿革

每一个成功的企业，必须有市场认可的产品和过硬的技艺来支撑，这是不言而喻的道理。高中昌在《六味斋赋》里这样描写六味斋的酱肉："故知：肥而不腻，瘦而不柴，无精工何以极致；咸而不涩，淡而不薄，调众口夫复何求？乃曰：酸甜苦辣咸，一香尽可收矣！"马竣敏

在为位于六味斋云梦坞文化产业园的山西地理中心撰写的《山西地理中心铭》中，用凝练的笔墨概括了六味斋及其产品内涵："中以为实，六味和鼎。正位凝命，云梦气蒸。"张石山在《汾酒赋》中形容杏花汾酒和竹叶青："杏花一枝，百代清香；青竹一竿，倒影千年；牧笛一曲，亘古悠扬"；在《晋泉酒赋》中称赞晋泉名酒是"盖恪守亘古秘法，绝艺纯儀，麴蘖阜厚，醴醥醇酣；崇奉君子人格，仁德诚信，清白至正，无陂无偏"。在乾和祥的茶桶上留下的古诗中，有诗句这样夸赞在乾和祥茶庄品茉莉花茶："香气透幽纱，风轻日未斜。午堂春睡迟，拂石待煎茶。"乾和祥茶庄自视为企业一绝的古联曰："茶采岳巁无双处，庄设香极第一家。"广誉远有一副饶有趣味的对联："龟龄集之，定坤丹也。"这些优美的句子，赞的是产品，夸的是企业，说的是文化。

二、关于企业发展过程和奋斗历程

每一个成功的企业，都有一段艰难曲折的发展历程，都有一部感天动地的创业史。山西凯嘉能源集团有限公司名誉董事长路斗恒在《凯嘉集团赋》中深情地追忆："难忘一九九七年，煤市疲软；残阳无热，夜雨秋寒。内外交困，如履冰坚；赤子同忧，慷慨解囊；上下同欲，共渡难关。"著名文化学者梁衡在《六味斋记》中记述公司董事长阎继红一行人披荆斩棘、拓展市场的事迹后，这样评说："多少辛勤、辛酸、辛劳、辛苦，一言难尽。可知，欲成一事，亦唯'辛'是用。"接着，梁衡意味深长地写道："人间有五味，酸甜苦辣咸，但都不足以言香。唯加'辛'字一味，去腥夺腻，冲天香阵透神州。而人生无论怎样五味杂陈，也还须一个'辛'字垫底。"张石山在《晋泉酒赋》中对太原酒厂的奋斗精神予以热情的讴歌："惟我晋泉酒，筚路蓝缕，积健为雄；领异标新，攻坚克难。回首当年，奔牛曾奋蹄；且看今朝，快马再加鞭。顺应时代潮流，锐意奋勇登攀；延续亘古酒脉，励志弘毅薪传。"这些饱含深情的记述，生动刻画了企业与企业人风一程、雨一程的漫漫历程。

三、关于企业取得的业绩、积淀的文化和彰显的精神

每一个成功的企业，必然会有强大坚实的文化力量和精神支柱。路斗恒在《凯嘉集团赋》中写道："凯嘉之兴，其因有三：一曰时政；二曰友朋；三曰人心。凯嘉之盛，其道有循：企业之道，员工为本；经营之道，信义为本；管理之道，制度为本；发展之道，创新为本；员工之道，敬业守操；领导之道，厚德笃行；为人之道，忠义仁勇。同道同心，其利断金。"在《晋泉酒赋》中，张石山写道："惟我晋泉酒，沿袭历史丰赡，格调内蕴泓涵；推崇三晋文化，负载文脉传衍。"乾和祥茶桶上的古诗有云："道心静似山藏玉，书味清于水养鱼。浓茶冲破诗人梦，不寡情思兴有余。"在乡宁县职业中学，田建文为校企合作建设的北方紫砂陶博物馆撰写楹联："左吕梁右太行襟怀山河紫云腾雾，承明清启当下并蓄古今砂里淘金。"太原市宁化府益源庆醋业有限公司董事长郝建国在为《酸香天下：益源庆醋文化史话》一书所作的序中总结道："山西的文化IP是'白加黑'。白，即是白酒文化；黑，就是老陈醋文化。这两大文化，都是源远流长和博大精深的，在世界上影响巨大，是滋养中华民族生存发展的两支营养液。"这些作品，在展现企业成就的同时，深刻诠释了企业产品、企业文化和企业精神。

四、关于企业未来的展望和祈愿

每一个成功的企业，都不会陶醉于已有的辉煌，都有着赶月追星的梦想。《六味斋赋》有云："解意悠悠，浓香长绕于春座；多情奕奕，明

月自低于桂筵。民生也！国运也！与民生长在，与国运长延。"《凯嘉集团赋》祈愿："惟愿凯嘉同仁，修身养德，精进勤勉；无忝前辈，再绘华章；凯康日上，嘉业共襄；弘毅致远，百年祯祥！"《晋泉酒赋》展望："噫吁嚱！壮哉晋泉好酒，美哉好酒晋泉！我晋泉酒，登高望远，胸襟开敞，极目云天；定当滔滔汩汩，波涌浪翻，恣肆汪洋，一往无前！"《山西地理中心铭》用"神柏仁寿，奕奕郅隆"，祝愿六味斋生意昌盛，年寿久长。太原酒厂内有一座古色古香的牌坊，两边的楹联曰："秉三晋人商德绵延经典，承五千年技艺酿造琼浆。"所有这些唯美的语言，都在昭示和属望当代晋商百代传力，万世存业。

文赋精者为诗，诗之精者为联，联之精者在金句。金句的提炼，是笔力，是眼力，更是心力；而金句本身表达的是文眼，承载的是实核，体现的是灵魂。捃拾以上诵唱企业的金句，以求窥斑见豹地展示当代晋商践行中华优秀传统文化的所作所为。才识有限，搜集不力，惟望方家指正。

（执笔人：谢振芳）

附:

六味斋赋

高中昌

　　尝闻名商老店，以"斋"而称之者，京华之"荣宝"，姑苏之"采芝"；而我"六味"之称，足可骈声比誉，共天下而风驰也！况乃民以食为天，施之以惠；业以信为础，恒之以时哉！溯其酱肘鸡鸭，轫发于福记；笃诚勤恪，誉满其京师。百载牵情，黎庶唯多眷顾；一丝入口，显贵何再矜持？乃至更迭传承，继芳猷之无绝；沧桑兴替，秉尚德之不移。纵风云之幻化，守淳香而依旧；借灵秀之独钟，移山右以立基。业者继仁长，心斋则弥于厚道；食者皆神逸，六味始称于并州。秘艺精工，融中和其美；深哲富理，驭大道斯柔。故知：肥而不腻，瘦而不柴，无精工何以极致；咸而不涩，淡而不薄，调众口夫复何求？乃曰：酸甜苦辣咸，一香尽可收矣！当是时也！承二刘之福业，继盛翁之再传。昌运天符，仰阎董事长之胆智；鸿猷丕展，著新科技路之先鞭！护千余载不败之香，誉赢国宝；决五百亩辟园之策，本固徐川。金匾耀于明楼，传芳有道；云纹雕于高柱，畅想无边。亭昭丽日，水映碧天，步一园锦簇，清芬随处可掬；看联厂争辉，风貌蔚为大观。施艺纯真，取材精致；人机契合，厂序井然！殷殷然主副新拓，灿灿也品种相兼。携画意之缠花，无须盈尺；化诗情于云梦，谁谓谪仙？"咬春"苏盘，"贴秋"酱肘；绿莹荞粉，晋府名干。或则和以醇醪，或则佐以时鲜。

解意悠悠，浓香长绕于春座；多情奕奕，明月自低于桂筵。民生也！国运也！与民生长在，与国运长延。

作者系山西诗词学会副会长、太原诗词学会副主席、太原市楹联家协会副主席、中华诗词学会会员、中国国学研究会研究员、山西省书法家协会会员。

凯嘉集团赋

路斗恒

绵山巍巍，汾水涛涛。三贤故里①，天华物宝。凯嘉集团，晋企百强②；立足煤炭，发端义棠。时逢二〇一六，喜迎六十华诞；追忆风雨历程，倍感创业艰辛。心潮澎湃，思绪万千！

遥想一九五六年，建国初期，百业待举；资方六户，坑口十七；公私合营，谓之利民③。革新整顿，合并提升；干群一心铁骨铮，花豹窝蝶变跃进坑，县营升地营④。

时维一九七四年，刘屯沟里开新矿；建井锣鼓冲霄汉，义煤儿女战犹酣。自力更生斗寒暑，新井八年终建成；基业初奠定，一年达定型。步伐不停敢创新，获省级文明矿井。上组煤搞加工，下组煤又延伸；技术革新促安全，精简机构提效能。

难忘一九九七年，煤市疲软；残阳无热，夜雨秋寒。内外交困，如履冰坚；赤子同忧，慷慨解囊⑤；上下同欲，共渡难关。

最是二〇〇〇年，世纪之交，行业萧条；党推新策，国企改组；政府指导，全员入股。实行现代公司制，企业从此焕生机；自主经营闯市场，乘风踏破万里浪。

事业恢弘，任重如山而道远；励精图治，修德自强以担当。义煤人，发掘无限，创新每天；初心不改，薪火相传。运筹帷幄兮，操作稳健；高瞻远瞩兮，敢为人先；机不可失兮，井型扩建。曾记否，技改竣工大庆典，隆重纪念五十年；三军将士齐声唱，众人划桨开大船；中央领导送温暖⑥，跨入行业一百强⑦。

嘉年华，宏图初展，吕梁太行从头越；布新局，成竹在胸，河西河东放眼量。组建集团构战略，整合资源谋飞跃。首战金山，引进开滦建倡源；再下城峰，控股合作开新篇；好风凭借力，送我上青云；投资瑞东矿，安益改组大发展。六矿各方⑧，筹资新建，科技当先，苦干实干，众志成城，喜报频传。洗选销售，克难攻坚，产销两旺，美誉四方。煤为主业，适当多元；非煤起步，两翼双展。同盛服务城乡，二院保障健康⑨；怡美嘉和嘉欣⑩，定阳住宅名片。千年张壁，神奇古堡，旅游开启新希望；瓦斯发电，变害为宝，转型再开增长源。诚可谓，鲲鹏一展图高远，八千壮士移泰山，拓土开疆，气象万千。

大道之行也，天下为公；企业兴旺也，利民利邦。燃烧自己，温暖人间，乃煤炭之禀性；吃苦耐劳，默默奉献，是义煤之传承；爱企如家，回报社会，为凯嘉人精神。六十年，三代人，采掘乌金四千万，上缴利税四十亿，员工生活大改善，公益事业多担当；祖国昌盛，我辈理想。微心大爱，天地可鉴！

煤海光烨，耀兮义煤！极目千里，壮哉凯嘉！

凯嘉之兴，其因有三：一曰时政；二曰友朋；三曰人心。凯嘉之盛，其道有循：企业之道，员工为本；经营之道，信义为本；管理之道，制度为本；发展之道，创新为本；员工之道，敬业守操；领导之道，厚德笃行；为人之道，忠义仁勇。同道同心，其利断金。

岁在丙申，时正中秋。值《凯嘉集团志》将修成，感念凯嘉几代人风雨兼程、共创辉煌伟业之艰辛，记颂凯嘉人砥砺前行、披肝沥胆之精神，草赋一首，镌心铭志，以启后来。

惟愿凯嘉同仁，修身养德，精进勤勉；无忝前辈，再绘华章；凯康日上，嘉业共襄；弘毅致远，百年祯祥！

二〇一六年九月十五日

注：

①介休因史上有春秋时割股奉君的介子推、东汉末年博通典籍的太学生领袖郭泰和北宋时出将入相五十载的文彦博，素有"三贤故里"之称。

②2015年12月，山西省企业联合会、企业家协会发布《山西企业100强发展报告（2015）》，凯嘉集团名列第68位。

③中华人民共和国成立后，介休县政府对小煤窑进行改造。1956年，介休义棠6户17个私营坑口组建成立介休县公私合营利民煤矿。1959年更名为"介休县地方国营义棠煤矿"。

④花豹窝，位于介休义棠镇，为原义棠煤矿、今安益煤业公司所在地。1961年，义棠煤矿升格为地营企业，更名为"晋中专区义棠煤矿"。到1965年，原煤产量迅速提高到18万吨，矿井"弯则坑"更名为"跃进坑"。

⑤1997年11月，受煤炭市场疲软影响，义棠煤矿资金周转困难，生产经营难以为继。全体职工三天集资586万元，帮助企业渡过了难关。

⑥2008年10月1日，时任中共中央政治局委员、国务院副总理张德江莅临义棠煤业公司，慰问节日期间坚守岗位的一线员工，对公司安全生产工作给予充分肯定。

⑦2010年以来，义棠煤业公司连续六年被中国煤炭工业协会评为"全国煤炭百强企业"。2015年，名列第84位。

⑧六矿各方，指凯嘉集团旗下的六个煤业公司，即义棠煤业公司、安益煤业公司、倡源煤业公司、城峰煤业公司、青云煤业公司、瑞东煤业公司以及各方股东。

⑨同盛，指凯嘉集团投资成立的同盛小额贷款有限公司；二院，指义棠煤业公司和介休市卫校附属医院共同组建的介休市第二人民医院。

⑩怡美、嘉和、嘉欣，指义棠煤业公司和凯嘉集团旗下和实房地产公司开发建设的员工及商业住宅小区。

晋泉酒赋

张石山

中华文明，肇始悠远。
神农氏首倡用火，尊为炎帝；
玄冥师专司治水，号曰金天。
台骀泄汾障泽，兀现平沃太原；
初民繁衍生息，竞相起舞蹁跹。
其簰筏锚碇地，古称"系舟之山"；
汾河奔注处，铭曰"冽石寒泉"。
三代礼制，有典有章，起始便与酒结缘；
敬天法祖，以卣以罍，祭祀则规仪周全。
五谷繁茂丰稔，水泉凌冽甘甜；
斯地乃出佳酿，天成地就，卓异超凡。
北周皇家举荐，历代典籍盛赞；
"汾清"名重天下，中国酒脉传衍：
杏花村称天下酒都，牧童遥指；
太原府为三晋首善，托举"晋泉"。

晋泉酒者，
承祧明清宝坊老号，外师造化；
倚重奕代良工大匠，内得心源。

品格称雄府邑，口碑名重太原。
夫浩大之谓"太"，平广而称"原"；
惟我太原，曾为尧帝旧墟，亘古有晋水潺湲。
西周叔虞封唐，后更国号称"晋"，控扼表里河山。
列国争雄，赵简子肇建"晋阳"，尔来两千五百余年。
唐置三京，斯为北都；明备九边，重镇太原。
《易经》有云：晋也者，明出地上，君子明德焉。
晋泉名酒，堂而皇之，冠之以"晋"：
盖恪守亘古秘法，绝艺纯儴，麴蘖阜厚，醴醁醇酣；
崇奉君子人格，仁德诚信，清白至正，无陂无偏。
是为文化传承厚重，酿造历史久远；
堪称货真价实，确然品格非凡。

惟我晋泉酒，
沿袭历史丰赡，格调内蕴泓涵；
推崇三晋文化，负载文脉传衍。
名士登高，匏樽壶觞，风轻云淡。
既可俯瞰云集商贾，辐辏人烟；
又能瞩望虎卧东岗，龙奔西山。
唐高祖乃赐酒武贲，三军豪饮，直取长安；
李太白曾醉饱龙城，逸兴遄飞，挥洒诗篇。
骚人雅集，觥筹交错，志得意满。
游走市廛，见酒肆林立；过往通衢，有帘幌招展。
老巷得名"烧酒"，古庙供奉酒仙。
元好问狂歌痛饮，敢问"情为何物"，题写雁丘词；

傅青主醉乡深处，心系"天下兴亡"，著书霜红龛。
文以酒成，酒以文传；
歌之咏之，一唱三叹。

惟我晋泉酒，
筚路蓝缕，积健为雄；
领异标新，攻坚克难。
回首当年，奔牛曾奋蹄；
且看今朝，快马再加鞭。
顺应时代潮流，锐意奋勇登攀；
延续亘古酒脉，励志弘毅薪传。
秉持至诚大道，崇奉精神基奠：
固态酿造为根本，本固枝荣，固本培元；
传承文化为精魂，取精用宏，精纯淹贯。
存留古老工艺遗址，可资文旅体验；
瞻望崭新企业规模，不啻蔚为大观。

惟我晋泉酒，
恪守古法，秉持谨严；
至清至白，品阶高端。
民胞物与，亲民至善；
人能弘道，柱地擎天。
且夫更遴选宝地，将克日乔迁。
老厂既得水脉，天一生水，水火既济，佳酿出三晋；
新址更登东山，紫气东来，东风化雨，美酒涌甘泉。

噫吁嚱!

壮哉晋泉好酒,美哉好酒晋泉!

我晋泉酒,登高望远,胸襟开敞,极目云天;

定当滔滔汨汨,波涌浪翻,恣肆汪洋,一往无前!

六味斋记

梁衡

并州六味斋为二百八十余年之老店。其所制酱肘,辛苦之极。先将整骨掏出,再填以精肉,复其形,调其味,精蒸煮,是为绝活。幼时随父上街,偶尝一丝,唇齿留香,至今不忘。

六十多年后余重回并州,再访六味斋,当年闹市小店已焕然而成郊外五百亩之现代化食品工业园,并为旅游景点。车间坐落在花园之中,暗香飘浮于游人前后。我问:"用何香料?"答曰:"并无香料,唯姜、桂、茴、椒等辛辣之材。"原来一切生肉皆带腥、膻、秽、腻之气,欲求其香,必先攻其秽,故唯"辛"是用。

公司董事长阎继红,本一售货员,自荐操刀上案,挥斧劈肉,虎威不亚于男子。原企业受旧体制之束缚,连年亏损,渐成颓败之势。改革大潮起,阎奋然揭旗为首,率领团队及职工,披荆斩棘,夙兴夜寐,重拾老店之威名,成就今日之大业。市场遍全国,品种亦由一肘拓展到四百余种,肉、面、豆、米,无所不有。多少辛勤、辛酸、辛劳、辛苦,一言难尽。可知,欲成一事,亦唯"辛"是用。

人间有五味,酸甜苦辣咸,但都不足以言香。唯加"辛"字一味,去腥夺腻,冲天香阵透神州。而人生无论怎样五味杂陈,也还须一个"辛"字垫底。

此六味斋之谓也。

时二〇一九年五月二十七日。

　　作者系著名散文家、学者、新闻理论家、政论家和科普作家。曾任国家新闻出版署副署长、《人民日报》副总编辑。

山西地理中心铭

马竣敏(笔名:何远)

天地之中,民受以生。
表里山河,隐厚沉雄。
富繁徐沟,梗阳之东。
周道如砥,洞涡潺淙。
爰斋爰坞,日暖霜红。
中以为实,六味和鼎。
正位凝命,云梦气蒸。
宅中图大,休休有容。
神柏仁寿,奕奕郅隆。
轮焉奂焉,敏则有功。
黄中通理,君子乐从。
晋者进也,光大含弘。
自昭明德,允执厥中。

癸卯孟冬小雪前三日,何远拜撰。

天地之中,民受以生

《左传·成公十三年》:"成子受脤,于社不敬。刘子曰:'吾闻之,民受天地之中以生,所谓命也。是以有动作、礼义、威仪之则，以定命也。能者养之以福，不能者败以取祸。是故君子勤礼，小人尽力。勤礼莫如致敬，尽力莫如敦笃。敬在养神，笃在守业。国之大事，在祀与戎，祀有执膰，戎有受脤，神之大节也。今成子惰，弃其命矣，其不反乎！'"

表里山河，隐厚沉雄

《左传·僖公二十八年》："子犯曰：'战也。战而捷，必得诸侯。若其不捷，表里山河，必无害也。'"后吾晋遂以"表里山河"闻名。《史记·韩长孺列传》："余与壶遂定律历，观韩长孺之义，壶遂之深中隐厚。世之言梁多长者，不虚哉！"曾国藩《曾文正公日记》云："作书之道，寓沉雄于静穆之中，乃有深味。"此以"隐厚沉雄"状吾晋人文风物之气象。

富繁徐沟，梗阳之东

徐沟古镇，向称富繁，乃山西地理中心所在焉，位于今清徐之东。梗阳，清徐之古称也。

周道如砥，洞涡潺淙

《诗经·小雅·大东》："周道如砥，其直如矢。"周道即大路，砥为磨刀石，状道路之平坦。洞涡即潇河，潺淙意为流水声。山西地理中心临今之国道，邻潇河故道。

爰斋爰坞，日暖霜红

斋谓六味斋，坞谓云梦坞。中华老字号六味斋位于南尹村，六味斋复筑云梦坞之佳境。宋苏氏祝寿词《万年欢》有云"日暖霜红，画戟门开，锦筵歌振梁尘"，借"日暖霜红"，以喻六味斋及云梦坞之盛景。

中以为实，六味和鼎

《易·鼎卦》："《象》曰：鼎黄耳，中以为实也。"意为六五居中而获刚实之益。许慎《说文解字》云："鼎，三足两耳，和五味之宝器也。"和五味之宝器，和六味亦宜之，原其得刚应中，故鼎卦辞曰"元吉，亨"。

正位凝命，云梦气蒸

《易·鼎卦》："《象》曰：木上有火，鼎。君子以正位凝命。"唐孟浩然《望洞庭湖赠张丞相》有云"气蒸云梦泽，波撼岳阳城"。

宅中图大，休休有容

东汉张衡《东京赋》云："彼偏居而规小，岂如宅中而图大。""宅中图大"意为居天地之中，所图者远大矣。《尚书·秦誓》有云"其心休休焉，其如有容"，以"休休有容"状宽大之气量。

神柏仁寿，奕奕郅隆

中心之杰阁以黄波椤构造，黄波椤即黄柏木，乃百木之长，亦称神木，素为仁寿之象征。奕奕者，高大貌、美好貌、光明貌之谓也。郅，大也，隆，盛也，是为郅隆。

轮焉奂焉，敏则有功

《礼记·檀弓》："晋献文子成室，晋大夫发焉。张老曰：'美哉，轮焉！美哉，奂焉！……'""轮焉奂焉"，叹其美哉。《论语·阳货》："子张问仁于孔子。孔子曰：'能行五者于天下，为仁矣。'请问之。曰：'恭、宽、信、敏、惠。恭则不侮，宽则得众，信则人任焉，敏则有功，惠则足以使人。'"此以"敏则有功"括"能行五者于天下"之仁人君子,"敏"取勤勉任事之义。

黄中通理,君子乐从

《易·坤卦》:"君子黄中通理,正位居体,美在其中,而畅于四支,发于事业,美之至也。"黄色居中而兼有四方之色。此句意斯地居中,内外皆通,君子乐其美,望之而景从,可谓得"天人合一"之境界焉。

晋者进也,光大含弘

《易·晋卦》:"《象》曰:晋,进也。明出地上。"《易·坤卦》之《象》云:"含弘光大,品物咸亨。"孔颖达疏:"包含宏厚,光著盛大,故品类之物皆得亨通。"

自昭明德,允执厥中

《易·晋卦》:"《象》曰:明出地上,晋。君子以自昭明德。"《尚书·大禹谟》:"人心惟危,道心惟微,惟精惟一,允执厥中。"《中庸》亦云"致广大而尽精微,极高明而道中庸",或此之谓也。

癸卯岁十月十四日,小雪时节,何远注而释之。

商号里傅山先生的题字撷英拾贝

傅山学社社长范世康在《傅山与锦绣太原城》的前言中称傅山是一位"百科全书式"的历史文化名人。赞誉傅山先生：凭借自己的勤奋博学和多才多艺，记录了太原的山川风貌、风景名胜以及人间烟火等诸多方面，为后世留下了海量的精彩诗文、名言警句、书法绘画、牌匾碑刻等珍贵文化遗产。尤其是从傅山先生作为中国古代优秀的爱国学者和中国17世纪的"先锋思想家"的高度，对傅山先生进行了评价，即傅山先生在对先秦诸子百家学说，以及历代优秀传统文化悉心总结、吸取其精华的基础上，逐步形成了自己独特的"道法自然""天人合一"的宇宙观，"天下者乃天下人之天下""市井贱夫也可平治天下"的"天下观"，"民为邦本"的社会历史观，以及朴素的唯物辩证方法论，并以此为指导，对中华文明演进的历史，特别是对太原在中华民族历史上的地位、作用及其历经坎坷的历史命运给予了特殊的关注，进行了深入的思考。

无疑，傅山先生在山西的社会影响是世人公认的。这种影响必然会触及与黎民生活息息相关的民间商号，这在我们的走访调研中就有切身感受。正是有着这样强烈的感受，本着课题研究的宗旨，我们认为对商号里傅山先生的题字进行点滴择录，能够从一个侧面反映中华优秀传统文化对当今企业经营管理活动的价值和意义。

一、勤节厅

这是指双合成的勤节厅。清末，双合成的少东家李俊生，按照"勤于拓业,节以守成"的祖训,将议事厅取名为"勤节厅"(见图1),并悬挂了一块集傅山先生遗墨制成的金匾,这从此成了双合成的传家宝。尽管原匾额在"文化大革命"时期被毁掉,但后来的企业掌门人和有心人专门从傅山先生字画资料中觅得这三个字的条幅,重新制成匾额。由此可见商家对傅山先生的敬仰和崇拜。

图1 双合成旧址

二、浩博傍通,诗书上却不许俭;雍容薄忍,衣食边单用个勤

在六味斋的文化博物馆,悬挂着傅山先生的清廉名句:"浩博傍通,诗书上却不许俭;雍容薄忍,衣食边单用个勤。"(见图2)这是傅山先生自勉的句子,意思是:在诗书学问方面,不能图省力省事,要做到博览群书,触类旁通;而在衣食方面,能"薄"则"薄",可"忍"且"忍",必须勤俭。六味斋尊崇这一古训,一是仰慕傅山先生之威名,用其名句既便于训导职员,又易于滋养风尚;二是与六味斋的"两不敢"精神相契合,即"物料不敢减丝毫,人工不敢省半分",也就是该省的要省,不该省的绝对不能省。

图2　傅山先生名句

三、宫廷御醋，世代相酌

益源庆在早先字号为"一元庆"时，东家朱氏曾请傅山先生题字"宫廷御醋，世代相酌"，一直相传至今（见图3）。据王文清《酸香天下：益源庆醋文化史话》记载：一是傅山先生自称老蘗禅，每日餐饮离不开醋；二是宁化府醋坊曾是傅山反清复明的联络站，其间为醋的制作工艺增加了"熏醅"技艺，改陈年白醋为熏醋；

图3　傅山先生为益源庆题字

三是傅山先生运用药食同源之理，在醋成品中加入花椒、桂皮、良姜、大料等多种食用香辛料，并用熬煮法改良老陈醋；四是傅山先生还用宁化府醋炮制中药，用于大宁堂坐堂行医，名医、名堂、名醋相得益彰。

四、得造花香

傅山先生曾到访杏花村，在申明亭旁的古井上题写的"得造花香"四个字就是明证（见图4）。著名作家张石山在《汾酒赋》里赞曰："盖得天独厚，惟我汾阳；河东神麴，得造花香。"作家杜学文在《得造花香》一文中，用优美的笔调叙说道："傅山似乎是在说，这清冽的汾清，具有如花之香一样的品格。只有如子夏山中的泉水聚集在古井之中，人们才能够酿造出如花一般品性纯净、韵味袭人、沁人心扉的汾清，才能使人恢复自然的品性。花香，是酒的最高境界。而汾酒，正是得造花香的自然之精华。"作家王跃文在同样题目的《得造花香》一文中，一往情深地回忆了父辈早年吃酒的故事，讲述了傅山对改良竹叶青的贡献。王文清在《汾酒源流：曲水清香》一书中专门记载了作为中医圣手的傅山，用中药材来佐制白酒、改良竹叶青的历史。

图4　傅山先生古井亭"得造花香"题字

五、清和元

傅山先生不仅为清和元饭店题写了牌匾（见图5），而且授予了其侍奉老母的八珍汤配方。八珍汤，也就是太原人都熟知的早点名吃——"头脑"。"头脑"由黄芪、羊肉、长山药、藕片、良姜、煨面、黄酒和酒糟八种食材配制而成，经常食用，可益气调元，温胃养胃，有很好的滋补作用。2013年，清和元被商务部认定为中华老字号。2017年10月，清和元"头脑"传统制作技艺荣获山西省人民政府、山西省文化厅省级非物质文化遗产称号。2019年6月，清和元"头脑"传统制作技艺荣获太原市人民政府、太原市文化和旅游局市级非物质文化遗产称号。"清和元"三字暗含深刻的意义，"清"和"元"系指中国历史上两个由少数民族统治的朝代。大家知道，在当时的历史背景下，傅山先生作为汉族知识分子具有强烈的家国情怀和反清复明之志，他将药膳起名为"头脑"，寓含"头脑"杂割"清"和"元"之意。傅山题写的这块牌匾，就是时刻提醒人们，要保持民族气节，弘扬爱国主义精神。这便是清和元"头脑"的来历，也是清和元命名的由来。

图5　傅山先生为清和元题写的牌匾

六、大宁堂

傅山先生与大宁堂掌柜陈谧（字右玄）友情笃深，曾应邀入驻大宁堂，不仅坐堂行医，而且为大宁堂在经营管理与医药配置等方面做了很多贡献，影响长达几百年。据《傅山与锦绣太原城》一书记载，其贡献主要有三。一是为大宁堂立下四句堂训："方剂所设务求其验，药料所采务求其真，后堂所修务求其精，丸散所成务求其用。"二是亲笔题写了大宁堂牌匾（见图6）和前堂内的四根柱联，分别是"本堂秘传应症丸散膏丹""本堂秘传二仙和合丸发庄""本堂秘授脾肾两助丸发客""本堂炮制咀片地道药材"。三是傅山将他的多个秘方无偿赠予大宁堂，其中有和合二仙丸、脾肾两助丸、麝香牛黄丸、固本延龄丸、党参养荣丸。

图6　傅山先生大宁堂题字

（执笔人：谢振芳）

后　记

　　由企业管理出版社出版的《当代晋商传统文化基因案例研究》一书，是"中华优秀传统文化在现代管理中的创造性转化与创新性发展工程"子项目"当代晋商传统文化基因案例研究"的课题研究成果汇编，是由来自太原城市职业技术学院、山西省城市经济学会和山西省资源型经济转型促进会，以及走访企业的一些同志鼎力合作、共同完成的。

　　在研究中，课题组以习近平新时代中国特色社会主义思想为指引，以"两个结合"和"两创"为总原则，以"挖掘整理当代晋商优秀案例与典型事迹、总结提炼有创新特色的管理方法和有可借鉴价值的经验"为总目标，在企业管理出版社的大力支持下，在山西省众多优秀企业的积极配合下，通过实地调查、人物专访、座谈反馈、电话沟通、专家咨询等活动，历时一年多，形成二十万字左右的研究成果，内容包括专题篇、企业篇、艺文篇三大部分，涉及煤炭、能源、精细化工、IT、医药、物业、餐饮、紫砂、文旅等不同行业的老字号、专精特新、绿色转型等企业数十家，是汇集企业、高校以及专业学会、行业协会等多方面专家智慧的一次探索性研究。

　　首先，为了高质量地完成这次研究任务，根据山西传统文化底蕴深厚且在现代企业管理中有着广泛应用的现实，课题组通过行业组织推荐、有针对性的征集和查找新闻线索等方式，从省里有代表性的行业中初选出部分优秀企业；之后，课题组对这些目标企业进行了实地调查，与企业负责人进行了深入的交流，从中寻觅符合课题研究方向的优秀案例，遴选被实践证明了的成功做法和经验，并探究其蕴含的哲理意义和功效价值；在此基础上，由课题组成员分别完成不同企业、不同专题的研究报告，经与企业反复校正后，最终由谢振芳教授统一修改、定稿。

其次，在课题研究过程中，课题组聚焦于目标企业在中华优秀传统文化与现代管理融合中的"两创"，而不是将目标企业现有的做法简单平移到课题中。事实上，有些做法和经验，即便目标企业也只是不自觉地应用在工作中，并没有上升到理论的高度，是在与课题组一起切磋讨论的过程中才得到提炼和升华。因此，课题研究的过程，也是帮助企业从管理角度和文化层面对其实践成果进行总结归纳和规范提升的过程，受到企业的普遍好评与赞赏。

最后，在课题研究过程中，课题组既重视历史史实与现实状况相照应，又重视实证研究与理性分析相结合；既重视纵向的个案剖析，又重视横向的系统集成；既重视从资料中披沙沥金、探赜索隐，又重视在见闻中采英拾贝、掇菁撷华。尤其是，考虑到课题成果的目标读者多是企业管理人员，在形成报告的过程中，课题组十分重视文字的表述方式，尽可能使用通俗、生动、形象和易懂的语言，以求增加文章的平实性与可读性。

古人有言："哀余生之须臾，羡长江之无穷。"尽管课题组全体成员竭尽全力，但面对浩瀚如海的中华优秀传统文化、灿若繁星的企业管理典范，我们深感见识浅薄、心力不济。虽然按照立项协议的要求，在规定的时间里完成了课题研究任务，但我们深知，目前呈现的还只是阶段性的初步成果，至少在以下几方面还存在着明显的缺憾与不足。一是遴选的目标企业数量不够多，行业覆盖面不够广，因而研究成果的代表性就不够强。二是课题本身横跨中华优秀传统文化与现代管理两个学科领

后 记

域，而课题组中兼具两方面知识的复合型研究者偏少，研究力量的不足难免影响到研究的力度和深度，更不敢奢谈有所建树。三是由于时间仓促，加之我们才识有限，疏漏和不妥之处在所难免，敬请方家指正。

总之，中华优秀传统文化与现代管理融合，是一个有价值、有意义的研究课题，也是一个内容广博、与时俱进的永久话题。《荀子·修身》曰："道阻且长，行则将至；行而不辍，未来可期。"我们将以本课题为开端，在今后的日子里，以更加饱满的热情，倾注更大的精力，持续地开展深入研究，以期在不断引申研究内容和不断改进研究方法的基础上，不断完善研究成果。

在本次研究过程中，我们得到了调研单位领导、员工的热情配合与周到服务，他们为课题组提供了大量的资料。其中，特别感谢山西省老字号协会刘丽媛、余森翔，太原六味斋实业有限公司贾晓彬、林谦，太原市果品茶叶副食总公司乾和祥茶庄郑卫东、张俐丽，山西广誉远国药有限公司岳玉宝，太原市宁化府益源庆醋业有限公司赵竹青，山西智杰软件工程有限公司杨琪琪，山西凯嘉能源集团有限公司秦志远、张蔷、王琦，蓝泰集团有限公司杨磊，太原傅山文化产业开发苑王美玉、孙国华，太原酒厂有限责任公司陈胜飞，乡宁县职业中学紫砂陶艺产业学院许昱，山西复盛公药业集团有限公司周娜，太原双合成食品有限公司段晓红，太原市第一建筑工程集团有限公司郭耀文，太原市清和元餐饮管理有限公司袁文昊，山西水塔醋业股份有限公司赵建强，山西九维时空企业管理股份有限公司吴鸿章，等等。

与此同时，我们也得到了企业管理出版社、清徐经济开发区等单位有关领导的悉心指导与大力支持，尤其难能可贵的是，太原市市委原常委、宣传部部长，现傅山学社社长范世康，山西省老字号协会会长、太原六味斋实业有限公司董事长阎继红，山西凯嘉能源集团有限公司党委副书记王虎，多次参与交流，积极沟通联系，为课题研究做出了令人感怀至深的贡献，在此一并致以诚挚谢意！

"当代晋商传统文化基因案例研究"课题组

2024年8月